SSC_A_1128_01.
Diseño de proyectos comunitarios

Aránzazu Rodríguez Jover

ic editorial

SSC_A_1128_01. Diseño de proyectos comunitarios
© Aránzazu Rodríguez Jover

1ª Edición

© IC Editorial, 2026

Editado por: IC Editorial
c/ Cueva de Viera, 2, Local 3
Centro Negocios CADI
29200 Antequera (Málaga)
Teléfono: 952 70 60 04
Fax: 952 84 55 03
Correo electrónico: iceditorial@iceditorial.com
Internet: www.iceditorial.com

ISBN: 979-13-7027-157-2
Depósito Legal: MA 365-2026

Impresión: PODiPrint
Impreso en Andalucía – España

Nota de la editorial: IC Editorial pertenece a Innovación y Cualificación S. L.

Presentación del manual

El **Certificado Profesional,** anteriormente llamado Certificado de Profesionalidad, constituye el Grado C en el Sistema de Formación Profesional, asociado a un perfil profesional. Acredita la capacitación para el desarrollo de una actividad profesional concreta a través de las competencias adquiridas. Tiene carácter parcial y acumulable cuando existan Ciclos Formativos (Grado D) en los que sus módulos profesionales se encuentren contenidos en su totalidad o en parte.

El elemento mínimo acreditable es el **Estándar de Competencia.** La suma de las acreditaciones de los Estándares de Competencia conforma la acreditación del **Módulo Profesional** (Grado B).

Un Estándar de Competencia se define como una agrupación de tareas productivas que realiza el profesional. Los diferentes Estándares de Competencia de un Certificado Profesional conforman la **Competencia General.** Definiendo el conjunto de conocimientos y capacidades que permiten el ejercicio de una actividad profesional determinada.

Cada Estándar o Estándares de Competencia lleva asociado un Módulo Profesional, donde se describe la formación necesaria para adquirir ese Estándar de Competencia, pudiendo dividirse en **Bloques Formativos** (Grado A).

El presente manual desarrolla el Bloque Formativo **SSC_A_1128_01. Diseño de proyectos comunitarios**

Perteneciente al Módulo Profesional **SSC_B_1128. Desarrollo comunitario,**

Asociado al Estándar/Estándares de Competencia:

⇨ **UC1020_3:** Establecer y mantener relación con los principales agentes comunitarios: población, técnicos y administraciones, dinamizando la relación recíproca entre ellos.
⇨ **UC1021_3:** Promover la participación ciudadana en los proyectos y recursos comunitarios.
⇨ **UC1023_3:** Intervenir, apoyar y acompañar en la creación y desarrollo del tejido asociativo.
⇨ **UC1025_3:** Aplicar procesos y técnicas de mediación en la gestión de conflictos entre agentes comunitarios.

del Certificado Profesional **SSC_C_009_5B. Intervención para la promoción de la igualdad de género en el ámbito comunitario y organizacional y la participación social de las mujeres**

ESTÁNDARES DE COMPETENCIA

SSC_A_1128_01

DISEÑO DE PROYECTOS COMUNITARIOS

Tiene asociado el ◄———

UC1020_3
UC1021_3
UC1023_3
UC1025_3

Compuesto de los siguientes
BLOQUES FORMATIVOS

SSC_A_1128_01. Diseño de proyectos comunitarios

Contenidos desarrollados en este manual

SSC_A_1128_02. Realización de actividades para promover la participación ciudadana en procesos comunitarios

SSC_A_1128_03. Aplicación de recursos y estrategias para promover la comunicación y el intercambio de información entre los agentes comunitarios

TÍTULOS ———

SSC_A_1128_04. Apoyo y soporte técnico al tejido asociativo

SSC_A_1128_05. Desarrollo de procesos de mediación comunitaria

SSC_A_1128_06. Realización de actividades de evaluación de los proyectos comunitarios

FICHA DE CERTIFICADO PROFESIONAL

SSC_C_009_5B. INTERVENCIÓN PARA LA PROMOCIÓN DE LA IGUALDAD DE GÉNERO EN EL ÁMBITO COMUNITARIO Y ORGANIZACIONAL Y LA PARTICIPACIÓN SOCIAL DE LAS MUJERES
(Real Decreto 208/2025, de 18 de marzo)

COMPETENCIA GENERAL: Programar, desarrollar y evaluar intervenciones relacionadas con la promoción de la igualdad de género y la participación social de las mujeres, aplicando estrategias y técnicas del ámbito de la intervención social y detectando situaciones de riesgo de discriminación por razón de sexo.

Estándares de Competencias Profesionales		Ocupaciones o puestos de trabajo relacionados
UC1020_3	Establecer y mantener relación con los principales agentes comunitarios: población, técnicos y administraciones, dinamizando la relación recíproca entre ellos.	
UC1021_3	Promover la participación ciudadana en los proyectos y recursos comunitarios.	
UC1023_3	Intervenir, apoyar y acompañar en la creación y desarrollo del tejido asociativo.	• Promotores/as de igualdad de trato y de oportunidades entre mujeres y hombres.
UC1025_3	Aplicar procesos y técnicas de mediación en la gestión de conflictos entre agentes comunitarios.	• Promotores/as para la igualdad efectiva de mujeres y hombres.
UC1453_3	Promover y mantener canales de comunicación en el entorno de intervención, incorporando la perspectiva de género.	• Técnicos/as de apoyo en materia de igualdad efectiva de mujeres y hombres.
UC1582_3	Detectar e informar a organizaciones, empresas, mujeres y agentes del entorno de intervención sobre relaciones laborales y la creación, acceso y permanencia del empleo en condiciones de igualdad efectiva de mujeres y hombres.	
UC1583_3	Participar en la detección, análisis, implementación y evaluación de proyectos para la igualdad efectiva de mujeres y hombres.	
UC1454_3	Favorecer la participación de las mujeres y la creación de redes estables que, desde la perspectiva de género, impulsen el cambio de actitudes en la sociedad y el «empoderamiento» de las mujeres.	

Correspondencia con el Catálogo Modular de Formación Profesional

Módulos profesionales	Bloques formativos	Horas
SSC_B_1128. Desarrollo comunitario (100 h)	**SSC_A_1128_01. Diseño de proyectos comunitarios**	**15**
	SSC_A_1128_02. Realización de actividades para promover la participación ciudadana en procesos comunitarios	20
	SSC_A_1128_03. Aplicación de recursos y estrategias para promover la comunicación y el intercambio de información entre los agentes comunitarios	15
	SSC_A_1128_04. Apoyo y soporte técnico al tejido asociativo	15
	SSC_A_1128_05. Desarrollo de procesos de mediación comunitaria	20
	SSC_A_1128_06. Realización de actividades de evaluación de los proyectos comunitarios	15

>>>

Correspondencia con el Catálogo Modular de Formación Profesional		
Módulos profesionales	**Bloques formativos**	**Horas**
SSC_B_1401. Información y comunicación con perspectiva de género (250 h)	SSC_A_1401_01. Análisis de los procesos de comunicación desde la perspectiva de género	50
	SSC_A_1401_02. Detección de situaciones de discriminación por razón de género en los procesos de comunicación e información	55
	SSC_A_1401_03. Diseño de actuaciones de comunicación e información desde la perspectiva de género	55
	SSC_A_1401_04. Implementación de actuaciones de comunicación e información no sexistas	45
	SSC_A_1401_05. Evaluación de actuaciones de comunicación e información desde la perspectiva de género	45
SSC_B_1403. Promoción del empleo femenino (250 h)	SSC_A_1403_01. Caracterización de la situación de la mujer en materia de empleo	45
	SSC_A_1403_02. Organización de actividades de promoción de igualdad efectiva en materia de empleo	50
	SSC_A_1403_03. Organización de actividades de asesoramiento y prospección de empresas	55
	SSC_A_1403_04. Desarrollo de procesos de orientación e información a las mujeres en materia de empleo	55
	SSC_A_1403_05. Realización de actividades de seguimiento del proceso de promoción del empleo	45
SSC_B_1404. Ámbitos de intervención para la promoción de igualdad (190 h)	SSC_A_1404_01. Caracterización del entorno de intervención desde la perspectiva de género	30
	SSC_A_1404_02. Diseño de estrategias para la igualdad efectiva entre hombres y mujeres	25
	SSC_A_1404_03. Organización de acciones para informar y sensibilizar sobre el trabajo no remunerado de las mujeres en el ámbito doméstico	30
	SSC_A_1404_04. Aplicación de estrategias para informar y sensibilizar sobre las medidas de conciliación en los diferentes ámbitos y contextos de intervención	25
	SSC_A_1404_05. Realización de actividades de control y seguimiento de la intervención en materia de igualdad efectiva	30
SSC_B_1405. Participación social de las mujeres (100 h)	SSC_A_1405_01. Caracterización de la participación social de las personas	15
	SSC_A_1405_02. Diseño de estrategias para promover la participación social de las mujeres en el ámbito público	15
	SSC_A_1405_03. Diseño de estrategias para promover el empoderamiento de las mujeres	15
	SSC_A_1405_04. Desarrollo de estrategias de intervención en procesos grupales	15
	SSC_A_1405_05. Desarrollo de procesos de acompañamiento y asesoramiento a mujeres	20
	SSC_A_1405_06. Realización de actividades de evaluación de los proyectos comunitarios	20
1782. Prevención de riesgos laborales		30

Índice

OBJETIVOS GENERALES

Los objetivos generales del **SSC_A_1128_01. Diseño de proyectos comunitarios,** son:

- Identificar los elementos estructurales de la comunidad y los principales agentes del proceso comunitario.
- Identificar los diferentes contextos, ámbitos y sectores de intervención del desarrollo comunitario.
- Identificar estrategias para crear y mantener relaciones con los diferentes agentes comunitarios.
- Crear bases de datos de agentes, redes sociales, proyectos y programas comunitarios.
- Analizar programas y experiencias de desarrollo comunitario.
- Definir instrumentos para identificar las aspiraciones e intereses de las personas, colectivos, grupos e instituciones.
- Determinar las fases, estrategias e instrumentos para la planificación participativa de proyectos comunitarios.
- Argumentar la importancia de mantener actualizados los datos relativos a cauces y fuentes de información.

La comunidad como elemento indispensable del desarrollo comunitario

Contenido

1. Introducción
2. El análisis de la estructura comunitaria: organización de la comunidad, delimitación de estructuras comunitarias e indicadores socioculturales
3. El desarrollo comunitario
4. Intervenciones de desarrollo comunitario implementadas en diferentes contextos, ámbitos y sectores de intervención
5. Análisis participativo de la realidad
6. La planificación participativa de la realidad
7. Valoración de la participación como eje del desarrollo comunitario
8. Resumen

Objetivos

Los objetivos específicos de esta Unidad de Aprendizaje son:

→ Identificar los elementos estructurales de la comunidad y sus principales agentes en el proceso comunitario.
→ Analizar diversos programas de desarrollo comunitario.
→ Conocer las diferentes fases, estrategias e instrumentos para la planificación participativa de proyectos comunitarios.
→ Identificar los diferentes contextos, ámbitos y sectores de intervención del desarrollo comunitario.

1. Introducción

La comunidad es el núcleo viviente de cualquier esfuerzo orientado al desarrollo comunitario y, como tal, se convierte en el cimiento sobre el cual se construyen visiones de futuro compartidas. Imagina una aldea vibrante, donde cada miembro tiene ideas, recursos y deseos de unirse para forjar un cambio positivo. Esta idea representa la esencia misma del desarrollo comunitario, una sinfonía de voces y experiencias convergiendo en busca de un objetivo común.

Este enfoque inclusivo es lo que transforma el término *comunidad* de un simple conglomerado de individuos en un agente activo de cambio, en el que cada persona puede aportar su singular perspectiva al mapa colectivo del progreso. Ya sea en una pequeña aldea rural o en un dinámico núcleo urbano, la comunidad actúa como el catalizador del progreso, al traer consigo un entendimiento profundo de las necesidades y fortalezas locales.

Por ejemplo, en la planificación de un proyecto de infraestructura básica, como la construcción de un centro de salud, la implicación de la comunidad resulta crucial para identificar cómo y dónde este recurso será más efectivo, garantizando que realmente responda a las necesidades de la población. La perspectiva de aquellos que viven diariamente las realidades de la comunidad ofrece una ventaja inestimable que ninguna revisión externa puede igualar.

El desarrollo comunitario es un proceso que no puede florecer en soledad; requiere de un compromiso participativo en el que cada persona juega un rol importante. Los diálogos abiertos y las evaluaciones conjuntas de la realidad permiten identificar problemas y descubrir potenciales soluciones que no solo son viables, sino también sostenibles a largo plazo. Así, la comunidad no es solo un participante pasivo, sino también el artífice de su propio destino.

Al explorar las dinámicas de la estructura comunitaria y valorar la importancia de la participación activa, un enfoque verdaderamente colaborativo no solo promueve el empoderamiento individual, sino que también logra un impacto colectivo que se erige como testimonio del poder del trabajo conjunto. En última instancia, el desarrollo comunitario se revela como una danza armoniosa entre planificación y acción, donde la comunidad se convierte en la pieza indispensable para avanzar hacia un futuro esperanzador y equitativo.

A lo largo de esta unidad, analizaremos diversas herramientas metodológicas necesarias para analizar, planificar y ejecutar proyectos desde una visión compartida, con el objetivo de impulsar un desarrollo que realmente resuene con el latido de una comunidad vigorosa y proactiva. Para ello, nos basaremos en el caso de Susana, que ejerce como técnica de promoción de igualdad de género en una asociación municipal y colabora con el resto del equipo al que pertenece en la implementación de actuaciones de desarrollo comunitario. Por esta razón, contacta con la comunidad para informar de las particularidades de este modelo de intervención comunitaria transformadora.

2. El análisis de la estructura comunitaria: organización de la comunidad, delimitación de estructuras comunitarias e indicadores socioculturales

👉 HILO CONDUCTOR

Susana, como paso previo a contactar con la comunidad, realiza un análisis de la estructura comunitaria para realizar un diagnóstico genérico que le permite identificar las aspiraciones, intereses y necesidades de la comunidad. Además, en el proceso elaborará material que pueda facilitar a las personas de la comunidad que deseen participar en el proceso de desarrollo comunitario.

- -

El término **comunidad** se caracteriza por tener naturaleza polisémica:

- ⮑ RAE: "Conjunto de personas o naciones unidas por circunstancias o intereses comunes".
- ⮑ Diccionario Panhispánico del Español jurídico: "Conjunto de naciones unidas por símbolos, políticas o identidades comunes".
- ⮑ RAE: "Conjunto de personas que viven en un mismo lugar o que comparten un mismo espacio físico y social".
- ⮑ ONU: "Conjunto diverso de actores que trabajan juntos para construir un mundo más justo, equitativo y sostenible".

◌ **EJEMPLO**

Comunidad de vecinos, comunidad escolar, comunidad autónoma, comunidad religiosa, comunidad profesional, comunidad lingüística, una comunidad en internet.

- -

Para poder trabajar con la comunidad es necesario examinar su composición y las interacciones existentes tanto entre sus miembros como con otras comunidades, puesto que así entenderemos cómo está organizada y cómo funciona en su contexto social, económico y cultural. Por ello, es necesario realizar un proceso analítico para diseñar proyectos comunitarios efectivos, ya que esto permite mapear las dinámicas internas y externas que afectan la vida comunitaria y su desarrollo.

2.1. La organización de la comunidad

La organización comunitaria hace referencia a la forma en que sus miembros se unen para:

➲ **Identificar problemas:** la identificación de problemas conlleva reconocer la naturaleza, la magnitud y las causas de situaciones no deseadas que requieren una solución. Los problemas están relacionados con necesidades humanas y/o sociales no satisfechas. Diversos autores han definido las necesidades humanas y/o sociales. Entre las distintas teorías, destaca la **teoría de la jerarquía de las necesidades humanas de Maslow,** que estableció que los comportamientos de las personas persiguen satisfacer alguna de las siguientes necesidades:

    ◑ **Autorrealización:** relacionadas con el crecimiento/desarrollo personal, es decir, con la consecución de metas relacionadas con nuestra escala de valores o moralidad.

    ◑ **Reconocimiento:** relacionadas con las necesidades de estima, que influyen en nuestra autoestima y tienen que ver con nuestro autoconcepto, nuestra competencia, autoconfianza...

    ◑ **Seguridad:** relacionadas con la estabilidad, la dependencia-independencia, la protección, la ausencia de miedo, temor, caos...

    ◑ **Fisiológicas:** relacionadas con necesidades vitales para asegurar la subsistencia desde un punto de vista biológico, puesto que permiten el funcionamiento biológico del cuerpo humano. Se consideran las necesidades más imperiosas, ya que tienen relación directa con la alimentación, el sueño/descanso, la hidratación, respirar...

⮞ **Resolver problemas:** las personas, para resolver problemas, pueden realizar diversas actuaciones, entre las que se encuentra el acudir a su red de apoyo informal (familia y amistades) y/o a su red de apoyo formal (organizaciones públicas o privadas). La insatisfacción o irresolución de los problemas conlleva:

  ⮡ **Problemas individuales** asociados a problemas físicos (problemas de salud), problemas emocionales y comportamentales (frustración, baja autoestima, de control de impulsos...), problemas laborales (absentismo laboral, desempleo), y/o problemas económicos (falta de acceso a recursos de alimentación, higiene, vestido, residenciales, de ocio...).

  ⮡ **Problemas sociales:** la insatisfacción de necesidades afecta a la cohesión social y crea tensiones que se manifiestan en conflictos sociales (disturbios, manifestaciones, violencia, aumento de la criminalidad...) y también en un descontento y desconfianza hacia las instituciones, hacia el trabajo (disminuyendo la productividad y, por tanto, el PIB) y hacia el consumo.

Al analizar las interacciones entre los miembros, podemos clasificarlas, en función de su organización, en:

Democráticas	Autocráticas/dictatoriales
- Se caracterizan por su compromiso con valores como la justicia, la igualdad, la solidaridad, la libertad, la libre expresión y el respeto a los derechos individuales y colectivos. Promueven la solución pacífica de los conflictos y un sistema de gobierno basado en la toma de decisiones colectivas, mediante el voto directo, la participación ciudadana o la representación. Además, aplican el modelo de políticas públicas *bottom-up,* también conocido como "abajo a arriba" en el que se prioriza la participación de la base de la ciudadanía - comunidad en la formulación e implementación de políticas públicas.	- El poder se concentra en una sola persona, cuyas decisiones se imponen sin participación ni control por parte de la comunidad. En este tipo de sociedades se aplica el modelo de políticas públicas *top-down* o "de arriba hacia abajo", donde las decisiones se toman desde los niveles superiores y se ejecutan en los inferiores.

👁 EJEMPLO

Modelo *bottom up:* elaboración de políticas públicas en los diferentes niveles territoriales, en los que participa la sociedad civil mediante organismos creados al efecto, como consejos participativos, observatorios y portales de transparencia.

Modelo *top down:* elaboración de políticas nacionales sobre determinados temas sin contar con las comunidades a las que afectan las decisiones.

Además, las comunidades pueden estar creadas por diferentes grupos poblacionales que podemos clasificar en función de su edad, su género, su condición religiosa o su pertenencia a organizaciones formales. Es importante conocerlos para poder analizar sus necesidades, intereses y recursos, pero también para identificar posibles conflictos que dificulten el desarrollo de la comunidad.

👁 EJEMPLO

En una comunidad en la que conviven personas que, por sus valores socioculturales, consideran importante realizar actos de mutilación femenina (ablación), pueden surgir conflictos entre estas y el personal sanitario, las fuerzas y cuerpos de seguridad e, incluso, con el sistema judicial, en caso de que la ablación se lleve a cabo tanto en España como durante un viaje al país de origen donde se fomenta esta práctica.

2.2. La delimitación de las estructuras comunitarias

Para poder comprender las necesidades y dinámicas relacionales de las comunidades, es necesario conocer los aspectos que ocasionan tanto un sentido de pertenencia como la existencia de intereses comunes. Por ello, es necesario analizar y comprender sus:

➲ **Límites geográficos:** el territorio de la comunidad condiciona la vida de la población en diferentes aspectos, como son los relacionados con la salud, la movilidad, la educación y el aprendizaje, la inserción laboral, el acceso a una vivienda... Además, pueden existir recursos comunitarios:

centros educativos, sanitarios, saneamiento público y asfaltado, parques y zonas verdes... o, por el contrario, puede existir la carencia de alguno o de varios de ellos. Por ello, es importante analizar:

- **La composición geográfica:** es esencial obtener un perfil demográfico de la comunidad. Esto incluye datos sobre la edad, el género, la etnicidad, el nivel educativo, la ocupación y otros factores pertinentes. La comprensión de esta composición permite identificar las necesidades específicas de diferentes grupos dentro de la comunidad. Por ejemplo, una comunidad con una población joven predominante podría tener necesidades distintas en términos de instalaciones educativas y oportunidades de empleo en comparación con una comunidad con una mayor proporción de personas mayores.
- **Los recursos económicos y/o capacidad económica de la población:** la evaluación detallada de los recursos económicos disponibles abarca los tipos de empleo predominantes, las fuentes de ingreso, el acceso al crédito y la situación económica general de los hogares. Estos factores influyen directamente en la capacidad de la comunidad para emprender proyectos de desarrollo y en su nivel de auto-suficiencia. Por ejemplo, una comunidad con un fuerte sector agrícola puede enfocarse en mejorar las infraestructuras de riego o la capacitación en técnicas agrícolas sostenibles.
- **El entorno físico y/o ambiental:** el entorno natural de una comunidad, incluyendo su geografía, su clima y los recursos naturales disponibles, afecta su estructura y desarrollo. Estos elementos pueden determinar qué tipo de actividades económicas son viables y cuáles son los desafíos ambientales que se deben enfrentar. Por tanto, cualquier proyecto de desarrollo debe considerar estos factores para evitar dañar el entorno y garantizar la sostenibilidad.
- **Las instituciones y organizaciones existentes en la zona:** las instituciones y organizaciones presentes en una comunidad juegan un papel crucial, al definir su estructura. Estas pueden incluir gobiernos locales, organizaciones no gubernamentales (ONG), asociaciones de vecinos, cooperativas y grupos religiosos, entre otros. Es importante identificar no solo quiénes son estos actores, sino también cuáles son sus intereses, su capacidad para movilizar recursos, y la influencia que ejercen dentro de la comunidad. La interacción entre estas entidades puede facilitar o dificultar la implementación de proyectos comunitarios.

En España, existen programas tanto estatales como autonómicos que persiguen incidir sobre estos problemas. Existen, además, programas específicos para incidir en zonas con necesidades de transformación social (ZNTS), también conocidas como zonas desfavorecidas.

⮂ **Relaciones sociales:** las interacciones sociales entre los miembros de la comunidad influyen en:

  ◍ **El desarrollo individual de sus miembros:** las personas adquieren, a través de la interacción con el medio, habilidades sociales que influyen positiva o negativamente en la interacción con terceras personas, la autoestima y la integración social. Además, están relacionadas con un esquema de valores y conceptos que se manifiesta en aspectos como la simbología, el significado otorgado a gestos, comportamientos...

  ◍ **El bienestar colectivo:** una buena salud física y mental no solo aumenta la felicidad y el deseo de promoverla, sino que también aumenta el sentido de pertenencia y las interacciones con otros miembros de la comunidad, lo cual aumenta, a su vez, la participación de las personas en la colaboración para detectar necesidades colectivas y recursos para satisfacerlas. En definitiva, aumenta la colaboración para aumentar el desarrollo y el bienestar de la comunidad.

  ◍ **El desarrollo de la comunidad:** una comunidad cuyos miembros tienen interacciones positivas aumenta la cohesión social, la participación y la colaboración y el sentido de pertenencia, a la par que disminuyen los disturbios, la violencia, la criminalidad, etc.

En relación con las comunidades, es importante conocer:

  ◍ Los **patrones de liderazgo y las relaciones de poder dentro de una comunidad:** su análisis debe identificar las figuras de autoridad formal e informal, cómo se toman las decisiones y cómo se gestionan los conflictos. Esto también implica tener en cuenta la cultura y las tradiciones de la comunidad, que pueden influir en las dinámicas de poder y liderazgo. Por ejemplo, en algunas comunidades, los consejos de ancianos desempeñan un papel vital en la gestión comunitaria.

  ◍ **Cultura y valores compartidos:** en la cultura comunitaria, los valores y las tradiciones compartidas moldean de manera significativa la estructura de la comunidad. Estos factores afectan la aceptación de nuevas ideas, la cooperación entre los miembros y la resistencia al cambio. Por esta razón, al diseñar proyectos de desarrollo comunitario, es esencial alinear las iniciativas con los valores culturales existentes para incrementar la participación y el compromiso de la comunidad.

  ◍ **Redes sociales e interacciones:** las redes sociales, tanto formales como informales, influyen en la conexión social de la comunidad. Estas redes son los vínculos entre individuos y grupos que facilitan el intercambio de información, el apoyo mutuo y la acción colectiva. Entender cómo operan estas redes puede ayudar a diseñar mejores estrategias de participación comunitaria en proyectos de desarrollo.

La aplicación de **metodologías participativas** es crucial para llevar a cabo un análisis riguroso de la estructura comunitaria. Para ello, se pueden utilizar diversas herramientas, entre las que se encuentran:

- **Cuantitativas:** utilizan y facilitan datos numéricos para medir y analizar fenómenos sociales.

  - **Encuestas/análisis estadísticos:** las encuestas permiten recolectar datos estandarizados sobre la población, como demografía, niveles de ingresos, acceso a servicios... Dentro de las encuestas se encuentran los censos, que se elaboran regularmente y que muestran información exhaustiva sobre la población y su distribución. Una vez obtenidos los datos, estos son procesados para obtener indicadores sobre la salud, la educación, el empleo, etc.
  - **Mapas:** pueden ser físicos o telemáticos y muestran la distribución de la población, así como la ubicación de servicios e infraestructuras de salud, empleo, educación, ocio y tiempo libre...

- **Cualitativas:** utilizan y facilitan datos descriptivos y subjetivos para medir y analizar fenómenos sociales.

  - **Observación:** pueden ser directas (la persona está presente y observa el comportamiento en su entorno natural sin manipularlo ni modificarlo) o indirectas (se recopila la información a través del análisis documental, mediante información facilitada por terceras personas, visionado de vídeos...).
  - **Entrevista:** es una conversación planificada entre dos o más personas, donde la persona que ejerce el rol de entrevistadora realiza preguntas para obtener información de la persona entrevistada.

El compromiso activo de los miembros de la comunidad en el proceso de análisis no solo genera confianza y transparencia, sino que también garantiza que los proyectos diseñados respondan a las verdaderas necesidades y expectativas de la comunidad. Este proceso participativo fortalece las capacidades locales, al empoderar a los miembros de la comunidad para que se conviertan en agentes de su propio desarrollo. Además, el análisis de la estructura comunitaria debe ser un proceso continuo y dinámico. Las comunidades no son estáticas; cambian con el tiempo en respuesta a factores internos y externos. Por lo tanto, los análisis deben actualizarse y revisarse regularmente para asegurar que cualquier proyecto de desarrollo continúe siendo relevante y efectivo a la luz de nuevos desafíos y oportunidades. Al adoptar un enfoque flexible y adaptativo, las comunidades pueden avanzar hacia un desarrollo sostenible y autosuficiente.

2.3. Indicadores socioculturales

Los indicadores socioculturales se utilizan para evaluar el bienestar social, la calidad de vida y el impacto de las políticas públicas e intervenciones orientadas al desarrollo comunitario. Facilitan información que permite realizar un análisis cualitativo y cuantitativo de los diferentes aspectos de vida de la comunidad y de sus miembros. En el ámbito de la igualdad de oportunidades entre mujeres y hombres, destacan los **indicadores de género**.

 **DEFINICIÓN**

Indicadores de género
Cualquier instrumento existente que permita medir la igualdad en una sociedad.

La Unión Europea, con el objetivo de analizar la igualdad de género desde una perspectiva multidimensional dentro de su territorio, ha creado el Índice de Igualdad de Género (EIGE), formado por la combinación de indicadores relacionados con los ámbitos de trabajo, dinero, conocimiento, tiempo, poder y salud. El Instituto Europeo para la Igualdad de Género elabora anualmente un informe sobre los datos obtenidos.

Puesto que los indicadores de género pueden construirse, diversos organismos públicos han promulgado manuales para facilitar la labor de las organizaciones que trabajan por la igualdad de género.

Los indicadores de género se utilizan para analizar cómo se percibe y asignan roles, responsabilidades y oportunidades en función del género en las diversas esferas de la vida diaria.

 **PARA SABER MÁS**

Puedes obtener más información sobre los indicadores de género en la *Guía para la elaboración de indicadores de género (IG)* elaborada por el Gobierno de Castilla La Mancha. Accede desde aquí.

Continúa en página siguiente >>

<< Viene de página anterior

https://redirectoronline.com/1128010101

 ACTIVIDAD COMPLEMENTARIA

1. Identifica al menos 3 formas en las que las organizaciones de mujeres pueden participar en la promulgación de políticas públicas. Para ello, puedes realizar una búsqueda por internet.

 ACTIVIDAD 1

María trabaja en una ONG que ha decidido colaborar con los centros escolares en la impartición de charlas y talleres que fomenten la igualdad de género, abordando aspectos relacionados con el Día de la Mujer y la Niña en la Ciencia, el Día de la Mujer trabajadora o la violencia de género. Para realizar esta actividad, María debe identificar los miembros de la comunidad. ¿Cuál de los siguientes colectivos no forma parte de la comunidad educativa?

a. Alumnado del centro.
b. Representantes del alumnado.
c. Profesorado, jefe de estudios, departamento de secretaría/conserjería, director del centro escolar, la inspección educativa y profesionales del departamento de orientación escolar.
d. Todas las opciones son correctas.

✎ ACTIVIDAD 2

Ana trabaja en una ONG que ha decidido implementar políticas sociales que fomenten la igualdad de género, abordando aspectos relacionados con la inserción laboral de las mujeres. Para realizar esta actividad, Ana ha identificado a las personas, colectivos, grupos e instituciones que conforman la comunidad con los que van a trabajar, entre los que se encuentran empresas, asociaciones de mujeres, servicios de empleo y centros que ofrecen servicios formativos —tanto formales como informales—. Tras realizar este paso previo, va a aplicar técnicas para identificar las aspiraciones e intereses de estos grupos. ¿Qué técnica de las estudiadas anteriormente no permite la identificación de las aspiraciones e intereses de la comunidad?

----

3. El desarrollo comunitario

👉 HILO CONDUCTOR

Para fomentar la colaboración de los miembros de la comunidad en el proceso de desarrollo comunitario, Susana impartirá una charla informativa en la que explicará los aspectos definitorios del desarrollo comunitario y expondrá algunos programas y experiencias para que vean los beneficios de esta intervención transformadora.

La comprensión del desarrollo comunitario radica en reconocer que es un proceso de cambio social que implica la acción colectiva y el empoderamiento de los individuos en su entorno. Es un enfoque basado en la participación activa de los ciudadanos, la inclusión de todos los sectores sociales y el fortalecimiento de la cohesión social. Este concepto tiene como objetivo reducir las desigualdades sociales y promover una equidad real, construyendo una base sólida para el aumento del capital social.

El término **desarrollo comunitario** surge tras la Segunda Guerra Mundial, cuando comienza el estudio de las comunidades con el propósito de transformarlas como medio para asegurar una paz duradera y aumentar el bienestar de los pueblos. La ONU lo promovió en la década de 1950.

DEFINICIÓN

Desarrollo comunitario
Proceso que busca crear condiciones para el progreso económico y social de una comunidad, con la participación activa de sus miembros y la confianza de sus propias iniciativas.

3.1. Aspectos definitorios del desarrollo comunitario

El desarrollo comunitario se implementa en los diferentes niveles territoriales gubernamentales: local, comunitario y nacional; conlleva también la colaboración intergubernamental, que se manifiesta en diversas actuaciones, entre las que se encuentran:

- **Actuaciones para generar entornos saludables:** estas actuaciones persiguen proteger a las personas de las amenazas para la salud a las que se enfrentan en los recursos de la comunidad a la que pertenecen —vivienda, escuela, trabajo, parques infantiles, etc.—, incidiendo en las condiciones físicas, sociales y psicológicas presentes en dichos entornos.
- **Actuaciones de cooperación internacional para el desarrollo:** estas actuaciones las realizan tanto entidades gubernamentales existentes a diferentes niveles como entidades supranacionales, como la Unión Europea o la ONU. En España, se encuentran reguladas tanto por legislación promulgada a nivel autonómico como a nivel estatal, entre las que destaca la Ley 1/2023, de 20 de febrero, de cooperación para el desarrollo sostenible y la solidaridad global, y su normativa de desarrollo, entre la que se incluye la que regula el actual Plan director de la cooperación española para el desarrollo sostenible y la solidaridad global. Además, la AECID (Agencia Española de Cooperación Internacional para el Desarrollo) anualmente financia, mediante subvenciones de concurrencia competitiva, intervenciones de cooperación internacional. Además, también dispone de un sistema de becas y ayudas en materia de educación, formación e investigación.

Junto a estas ayudas, también existen subvenciones y ayudas financiadas por las autonomías, entidades locales e inclusive la Unión Europea, que es el primer donante mundial de ayuda oficial al desarrollo.

Puesto que existen múltiples organismos y sus actuaciones se implementan a nivel internacional en comunidades con diferentes necesidades y recursos, dentro de la ONU existe el Comité de Políticas de Desarrollo (CPD). Este órgano depende del Consejo Económico y Social (ECOSOC), al cual asesora sobre aspectos relacionados con la Agenda 2030, que recoge los actuales objetivos del desarrollo sostenible que son reconocidos a nivel internacional.

4. Intervenciones de desarrollo comunitario implementadas en diferentes contextos, ámbitos y sectores de intervención

👉 HILO CONDUCTOR

Con el propósito de mostrar cómo el desarrollo comunitario puede aplicarse en diferentes contextos, ámbitos y sectores, Susana ofrecerá una charla informativa en la que presentará los rasgos fundamentales de esta estrategia participativa. A través de ejemplos de programas y experiencias implementadas en áreas como la salud, la educación o el medioambiente, los participantes podrán comprender los beneficios de estas intervenciones y reflexionar sobre cómo fomentar la colaboración activa de la comunidad en sus propios procesos de transformación.

Como se ha visto anteriormente, el desarrollo comunitario se aplica en diferentes contextos, ámbitos y sectores de intervención, inclusive cuando busca mejorar el bienestar y la calidad de vida de las personas —en particular, de las mujeres—, como consecuencia de las distintas realidades existentes dentro de una misma nación. El desarrollo comunitario es un proceso dinámico y colaborativo a través del cual los miembros de una comunidad trabajan juntos para mejorar su vida colectiva, abordar sus necesidades más apremiantes y alcanzar un bienestar común. En el contexto del diseño de proyectos comunitarios, el desarrollo comunitario se centra en dotar de habilidades, conocimientos y recursos a los integrantes de una comunidad, permitiéndoles tomar el control de su destino y fomentar un crecimiento sostenido y equitativo. Por ello, nos encontramos con la implementación de diversas experiencias y programas, entre los que destacan:

⮕ **Previas a la definición de la ONU**

    ◊ **Movimiento *settlement*:** los *settlements* son casas de acogida comunitarias creadas por precursores del trabajo social comunitario en 1884 en Inglaterra, cuando el matrimonio Barnett creó Toynbee Hall.

El movimiento se expandió por Estados Unidos, donde destaca Hull House, creada por Ellen Gates Starr y Jane Adams, quien, además, recibió un Premio Nobel de la Paz en 1931. El movimiento se caracteriza por:

- **Ofrecer servicios basados en la comunidad:** se ofrecen servicios en colaboración con los miembros de la comunidad para satisfacer las necesidades planteadas por estos.
- **Enfoque holístico:** se abordan las necesidades de manera integral, por lo que, además de intervenir los miembros de la comunidad, intervienen también profesionales relacionados con las actividades que se realizan.
- **Promoción de la justicia social y la democracia:** es importante empoderar a los miembros de la comunidad para que estos participen de manera activa en la detección y resolución de problemas. De esta manera, se generan cambios que modifican las estructuras sociales y así se logra eliminar las desigualdades.

- **Lucha por el sufragio femenino:** el movimiento sufragista femenino buscó la igualdad de derechos y la participación política de las mujeres, y reivindicó su derecho a voto. Este movimiento implicó grandes cambios sociales y legislativos en materia de igualdad entre mujeres y hombres; el hecho de que las mujeres tuvieran voz y voto influyó enormemente en las agendas políticas. El movimiento de desarrollo de la comunidad de mujeres tiene su continuidad actual en el movimiento social del feminismo.
- **Casas de acogida para mujeres de María Micaela:** el 21 de abril de 1845, Santa Micaela (fundadora de la Congregación de Religiosas Adoratrices Esclavas del Santísimo Sacramento y de la Adoración, conocida como Adoratrices) funda en Madrid la primera casa para acoger a mujeres y niñas abocadas a la prostitución y a vivir en situación de sinhogarismo (situación de calle). Su misión es la liberación, la integración personal, la promoción y la reinserción social de las mujeres víctimas de diversas formas de esclavitud (prostitución y/o víctimas de explotación sexual o trata de blancas). Además, denuncian situaciones de injusticia que afectan a las mujeres. En estas casas, se ofrecen diversas actuaciones que persiguen mejorar la socialización de la mujer, y que persiguen:

- Dotar a las mujeres de habilidades sociales orientadas a una vida independiente.
- Mejorar la autoestima y el bienestar emocional de las mujeres.
- Facilitar la abstención del consumo de sustancias psicoactivas.
- Asegurar la inserción laboral de las mujeres mediante programas de formación e inserción ocupacional.

Posteriores a la definición de la ONU

- **Plan Marshall:** oficialmente se llamaba Plan de Recuperación Europea y fue una iniciativa de Estados Unidos para ayudar a la reconstrucción de Europa occidental después de la Segunda Guerra Mundial (del cual fue excluida España por no ser un país democrático). Este programa no incidió de manera directa en las mujeres, pero influyó directamente sobre ellas, puesto que mejoró su inserción laboral, su salud y su nivel académico y formativo. Este plan ha evolucionado y, aunque actualmente no se encuentra vigente, sus actuaciones continúan mediante la financiación y los acuerdos existentes entre los diferentes países y organismos supranacionales: Unión Europea, OCDE (Organización para la Cooperación y el Desarrollo Económico), Banco Mundial, organismos de la ONU, etc.
- **Actuaciones de comercio justo:** el comercio justo garantiza condiciones laborales justas y salarios dignos. Además, diversas entidades que forman parte de este movimiento priorizan a las mujeres en el acceso a formación y financiación.
- **Microcréditos para mujeres emprendedoras:** son préstamos de pequeñas cantidades de dinero que persiguen financiar actividades emprendedoras en mujeres con recursos limitados y que, por tanto, tienen dificultades para acceder al sistema de financiación tradicional. Además, la financiación va acompañada de programas de formación y asesoramiento empresarial, que fomentan la creación de redes de apoyo, así como de intercambio de experiencias.

SABÍAS QUE...

Los microcréditos representan un recurso que favorece la igualdad entre mujeres y hombres en la sociedad y, por ello, se fomenta el acceso a ellos desde diferentes niveles territoriales, como la Unión Europea o el Gobierno de España.

En todos los ejemplos mencionados previamente se ha seguido un modelo compuesto por diversas fases, que comienzan con la identificación de las necesidades como paso previo a la planificación e implementación de actuaciones, las cuales se evalúan junto con el proceso seguido para determinar el grado de efectividad alcanzado. Además, las experiencias indicadas ponen de manifiesto que el desarrollo comunitario es esencialmente una herramienta poderosa de transformación social, económica y cultural que, cuando está bien implementada, produce cambios positivos duraderos en la calidad de vida de las personas. Su éxito está íntimamente ligado al compromiso genuino y la participación activa de todos los implicados, y asienta las bases para una comunidad resiliente capaz de afrontar los desafíos contemporáneos y futuros.

TAREA 1

Sara es técnica de promoción de igualdad de oportunidades entre mujeres y hombres. Actualmente se encuentra en desempleo, y está realizando una búsqueda activa de empleo que conlleva la presentación de autocandidaturas a organizaciones que implementan programas de intervención de desarrollo comunitario.

¿Qué contextos, ámbitos y sectores de intervención de desarrollo comunitario identificará? ¿En qué programas y experiencias de desarrollo comunitario presentará su autocandidatura?

5. Análisis participativo de la realidad

 HILO CONDUCTOR

Susana es conocedora de que una de las fases del desarrollo comunitario es el análisis participativo. Por ello, en la sesión taller que está impartiendo explica sus fases y los beneficios que tiene este tipo de intervención diagnóstica comunitaria.

El análisis participativo de la realidad se presenta como un enfoque esencial para la construcción de proyectos comunitarios efectivos y sostenibles. Este método se fundamenta en la activa participación de los miembros de la comunidad en la identificación, comprensión y definición de los problemas y necesidades que enfrentan, así como en la determinación de las oportunidades y recursos disponibles para abordar dichos desafíos.

5.1. Fases del análisis participativo

En contraste con enfoques más tradicionales que imponen soluciones externalizadas, el análisis participativo promueve el empoderamiento de la comunidad. Establece un proceso inclusivo donde cada voz es escuchada y valorada —tanto para fomentar la cohesión social, al construir redes de confianza y colaboración, como para asegurar que los proyectos sean culturalmente apropiados y efectivamente implementados—. Por ello, sigue un proceso metodológico en el que se implementan las siguientes fases:

○ **Preparación y sensibilización:** es crucial que los facilitadores del proceso sean conscientes del contexto cultural, social y político, y que construyan relaciones de confianza con los miembros de la comunidad. La sensibilización busca crear una conciencia sobre la importancia del análisis participativo y el rol vital que cada individuo juega en el desarrollo de soluciones. Previo al contacto con los miembros de la comunidad, se realiza una preparación logística en la cual se analizan datos mediante una observación estructurada a través del censo, INE, etc.

○ **Recopilación de información:** una vez establecida la confianza y la motivación, se pasa a la fase de recopilación de información, mediante técnicas de investigación participativa que permiten a los participantes proporcionar datos significativos basados en sus experiencias y percepciones personales. Entre estas técnicas, destacan las siguientes:

  ◑ **Entrevistas comunitarias:** a través de entrevistas estructuradas o semiestructuradas, se pueden recoger relatos de vida, testimonios personales y percepciones sobre problemas y oportunidades.

  ◑ **Grupos focales:** permiten la discusión abierta y el intercambio de ideas entre los miembros de la comunidad en torno a temas centrales para el desarrollo comunitario.

  ◑ **Mapeo comunitario:** visualización de aspectos geográficos, sociales y recursos comunitarios, que proporciona una representación gráfica valiosa para entender la configuración de la comunidad.

○ **Análisis de la información:** el proceso de análisis debe involucrar nuevamente a los participantes, asegurando que los datos recogidos sean interpretados colectivamente. La triangulación de fuentes y la validación comunitaria ayudan a obtener conclusiones robustas y compartidas, fortaleciendo la autenticidad de los hallazgos.

○ **Priorización de problemas y oportunidades:** una vez analizadas las informaciones, es necesario priorizar los problemas y oportunidades identificadas. Utilizar matrices de priorización, como la matriz de Eisenhower o la técnica de puntos de prioridades, puede facilitar la discusión en torno a cuáles son los aspectos de mayor impacto y viabilidad para ser abordados inicialmente.

⮑ **Desarrollo de propuestas de acción:** colectivamente, la comunidad deberá trabajar en el diseño de propuestas que atiendan las prioridades identificadas. Este proceso creativo puede verse facilitado por el uso de metodologías ágiles y colaborativas, como el *mind mapping* o el *brainstorming*, garantizando así que todas las ideas posibles sean consideradas y depuradas de forma colectiva.

5.2. Beneficios y desafíos del desarrollo comunitario

El análisis participativo de la realidad no solo garantiza una comprensión holística y auténtica de la comunidad, sino que, además, genera un sentido de copropiedad en los proyectos que se desarrollan. Al involucrar activamente a los miembros de la comunidad en todas las fases, se promueve un desarrollo integral que es sensible a las dinámicas socioculturales y a los recursos locales. Este empoderamiento incrementa la probabilidad de sostenibilidad a largo plazo, así como la adaptabilidad frente a cambios futuros.

A pesar de sus múltiples beneficios, la implementación del análisis participativo no está exenta de desafíos. Las barreras culturales, el posible escepticismo hacia intenciones externas, diferencias de poder dentro de la comunidad y limitaciones de recursos pueden complicar el proceso. Mitigar estos obstáculos implica una apertura a la adaptación continua y la disposición a fomentar mediaciones pacíficas y constructivas.

Es vital que los facilitadores del proceso sean entrenados en técnicas de resolución de conflictos, comunicación intercultural y gestión del tiempo, preparando así un terreno fértil para la discusión abierta y equitativa.

 ACTIVIDAD 3

El Ayuntamiento del municipio de San Verde busca rehabilitar el parque del barrio Los Olivos mediante un proceso de análisis participativo.

Como parte del equipo técnico, debes identificar las fases que estructuran este tipo de procesos. ¿Qué fase implica la interpretación colectiva de los datos obtenidos y la validación comunitaria?

6. La planificación participativa de la realidad

👉 HILO CONDUCTOR

En el taller informativo que está impartiendo Susana, explicará los aspectos relacionados con la planificación participativa, e indicará también sus beneficios. Realizará dinámicas de grupo que contribuyan a facilitar la participación en la planificación participativa.

- -

La planificación participativa es un enfoque clave en el diseño de proyectos comunitarios, ya que promueve el compromiso y la colaboración efectiva dentro de la comunidad. A diferencia de los métodos de planificación tradicionales, que pueden imponer soluciones desde arriba hacia abajo, la planificación participativa se centra en involucrar activamente a las personas en el proceso de toma de decisiones. Este enfoque no solo asegura que las voces de todos los grupos interesados sean escuchadas, sino que también mejora la relevancia y la efectividad de los proyectos, al adaptarse mejor a las necesidades y aspiraciones locales.

En un contexto comunitario, la planificación participativa comienza con el reconocimiento del valor de la **diversidad de pensamientos y experiencias** entre los miembros de la comunidad. Proporciona un espacio para que diferentes perspectivas sean consideradas, permitiendo que se desarrolle una comprensión más robusta de los problemas enfrentados y las oportunidades disponibles. Para lograrlo, es fundamental crear un ambiente de diálogo inclusivo en el que todas las voces tengan la misma oportunidad de ser escuchadas.

6.1. Etapas de la planificación participativa

La planificación participativa requiere un enfoque estructurado que permita la intervención efectiva y la colaboración de todas las partes interesadas. Este proceso se puede dividir en varias etapas clave:

- **Preparación y diseño del proceso:** definir claramente los objetivos y el alcance del proyecto, identificar las partes clave interesadas y diseñar un proceso que sea adecuado para el contexto local.
- **Compromiso comunitario:** al iniciar el diálogo con la comunidad, establecer canales de comunicación efectivos y desarrollar confianza entre

los participantes. Es vital garantizar una participación auténtica desde el comienzo, es decir, desde que se les plantea iniciar un proceso de desarrollo comunitario.

- **Análisis conjunto:** evaluar las necesidades, los recursos y las limitaciones locales mediante sesiones participativas como talleres, seminarios y mesas redondas. Esta fase se alinea directamente con lo aprendido en el "análisis participativo de la realidad", donde se profundizó en entender la realidad local.
- **Desarrollo de estrategias y opciones:** codesarrollar una serie de soluciones o estrategias que puedan abordar las necesidades identificadas. Es vital que estas estrategias sean flexibles y adaptables a las circunstancias cambiantes.
- **Elaborar el plan de acción:** traducir las estrategias seleccionadas en un plan de acción concreto con roles, responsabilidades y un cronograma claramente definido.
- **Implementación y seguimiento:** ejecutar el plan con la participación continua de la comunidad y con mecanismos robustos de seguimiento y evaluación para garantizar la adaptabilidad y el éxito del proyecto.
- **Revisión y aprendizaje:** evaluar el impacto del proyecto y extraer lecciones aprendidas para futuras iniciativas. Este proceso debe ser participativo y abierto, y es importante asegurarse de que todas las partes interesadas puedan compartir sus perspectivas.

 PARA SABER MÁS

En el ámbito de la salud nos encontramos con diversos programas que requieren la creación y el mantenimiento de relaciones con diferentes personas (profesionales y voluntarias) y, por tanto, una planificación participativa. Dentro de los programas de intervención comunitaria se implementan actuaciones destinadas a incidir en el determinante de la salud relacionado con el género, con el fin de alcanzar la equidad en salud. Entre los programas existentes se encuentran:

- Programa RELAS (Red de Acción en Salud): es una acción local, en la que son los ayuntamientos (representantes directos de la ciudadanía) los llamados a liderar y coordinar las actuaciones de los diferentes sectores, tanto públicos como privados, contando con la ciudadanía, para proteger la salud de la población, cuidando su entorno medioambiental (agua potable, salud alimentaria, residuos, etc.), así como promoviendo estilos de vida saludables, para conseguir una mejor calidad de vida, para que sea más sana con el apoyo de las diferentes profesiones que conforman el sistema

Continúa en página siguiente >>

<< Viene de página anterior

sanitario. Dentro de las actividades consideradas de buenas prácticas nos encontramos con Red Violeta (red de espacios seguros libres de violencias), talleres de autonomía emocional a través de la educación afectivo-sexual, semanas de lactancia materna, etc.

- Las Escuelas de Pacientes, en las que se forma a pacientes crónicos, a sus familiares y a personas cuidadoras para su autocuidado, pero también para que realicen actuaciones de educación para la salud con otras personas que tiene su misma enfermedad/patología. Dentro del ministerio se ha creado la web de estilos saludables, donde se abordan diversos aspectos relacionados con la salud de las mujeres, como, por ejemplo, aspectos relacionados con el autocuidado durante el embarazo.

Puedes acceder a los mismos en los siguientes enlaces.

Programa RELAS	**Escuelas de Pacientes**

https://redirectoronline.com/1128010102	*https://redirectoronline.com/1128010103*

Siguiendo este proceso metodológico obtendremos los beneficios propios de esta modalidad de intervención transformadora:

Empoderamiento comunitario
- Involucrar a la comunidad en el proceso de planificación otorga a los individuos y a los grupos una mayor sensación de control y propiedad sobre el proyecto. Esto, a su vez, aumenta su compromiso y la probabilidad de que el proyecto tenga éxito.

Continúa en página siguiente >>

<< Viene de página anterior

Relevancia local
- Al basarse en los conocimientos y la experiencia de los miembros de la comunidad, la planificación participativa puede garantizar que las soluciones diseñadas respondan directamente a las necesidades y condiciones locales.

Construcción de consenso y colaboración
- Permite la construcción de consenso y la colaboración entre diferentes partes interesadas, lo que puede significar una implementación más fluida y una menor resistencia a los cambios.

Mejora de la sostenibilidad a largo plazo
- Al desarrollar un sentido compartido de propiedad y responsabilidad hacia el proyecto, se fomenta su sostenibilidad a largo plazo, ya que las comunidades están más dispuestas a mantener y apoyar las iniciativas.

El uso de técnicas participativas adecuadas es esencial para facilitar el proceso y, puesto que se trabaja con un grupo formado por miembros de la comunidad, las técnicas implementadas se enmarcan en las denominadas **dinámicas de grupo.**

PARA SABER MÁS

Puedes obtener más información sobre las dinámicas de grupo en el siguiente enlace.

https://redirectoronline.com/1128010104

Implementar lo indicado anteriormente contribuye a que disminuyan los desafíos que conlleva el desarrollo comunitario, puesto que:

- **Se favorece la inserción y la representación equitativa:** mediante la utilización de dinámicas de grupo, como por ejemplo grupos focales o talleres deliberativos, nos aseguramos de que todos tengan voz y eliminamos los desequilibrios de poder existentes dentro de la comunidad.
- **Se eliminan lagunas de representación:** para ello, es importante organizar reuniones en horarios y lugares accesibles para todos, así como realizar un análisis detallado de las partes interesadas al comienzo del proceso. De esta manera, se evita que ciertos grupos dentro de la comunidad puedan quedar subrepresentados o excluidos.
- **Se adopta un enfoque culturalmente responsable:** reconocer y respetar las tradiciones y valores, e involucrar a líderes comunitarios y a mediadores culturales en el proceso, elimina barreras culturales y facilita un diálogo más efectivo que, además, aumenta la participación.
- **Se aumenta la confianza y la transparencia:** asegurar que haya claridad en los objetivos y beneficios del proyecto, así como en la manera en que este afectará a la comunidad, puede ayudar a superar la resistencia al cambio existente en algunas comunidades, ya que dicha resistencia suele aumentar cuando el cambio se percibe como algo impuesto desde el exterior.

6.2. Ejemplos de planificación participativa exitosa

A lo largo de los años, numerosos proyectos comunitarios en todo el mundo han demostrado la eficacia de la planificación participativa. A continuación, se presentan dos estudios de caso breves que ilustran su aplicación práctica:

- **Proyecto de remodelación de barrios:** en diversos municipios de España se realizan actuaciones de participación ciudadana a través de las juntas de distrito, en las que la ciudadanía que vive en zonas de infravivienda participa en el diseño y la transformación activa de sus barrios, logrando así la creación de entornos con viviendas dignas. Estos programas persiguen una integración socio-urbana que mejore:

  - La infraestructura física
  - El hábitat
  - La comunidad

Se fundamentan en estrategias de codiseño y gestión conjunta con los residentes, reconociendo sus saberes y necesidades locales para lograr comunidades sostenibles.

La Unión Europea financia estas actuaciones mediante diversos programas, entre los que se encuentran el componente 2 del Plan de Recuperación, Trasformación y Resiliencia (PRTR) o iniciativas de Green Bulding Council, que incluyen programas como el Build Upon 2.

⬗ **Proyectos de participación ciudadana en políticas públicas:** a nivel internacional y nacional se reconoce que, para que las políticas públicas sean efectivas, es necesaria la participación de la ciudadanía en la creación y promulgación de leyes y normas. Por este motivo, nuestra Constitución reconoce la iniciativa legislativa popular (art. 87) y, a nivel autonómico, nacional y europeo, se han creado portales de transparencia para que la ciudadanía pueda expresar sus necesidades y preocupaciones de forma abierta y democrática.

7. Valoración de la participación como eje del desarrollo comunitario

 HILO CONDUCTOR

Durante el taller informativo que dirige Susana, se abordarán los elementos fundamentales de la planificación participativa y se expondrán sus principales beneficios. Asimismo, se desarrollarán dinámicas grupales diseñadas para promover la implicación activa de las personas en dicho proceso.

Valorar la participación de la comunidad significa reconocer el rol activo de las personas en la búsqueda de soluciones a sus propias necesidades y en la transformación de su entorno por los beneficios que conlleva:

Genera cambios sociales positivos

Fortalece la ciudadanía

Mejora la calidad de los servicios

Permite que las decisiones respondan mejor a las necesidades reales de la población

La participación requiere:

- **Creación de espacios de diálogo:** es fundamental establecer lugares donde las personas puedan expresar libremente sus ideas, opiniones y preocupaciones.
- **Adaptación de estrategias:** las acciones deben ajustarse a las necesidades y dinámicas cambiantes de la comunidad, incorporando su retroalimentación de manera constante.
- **Protagonismo colectivo:** se debe dar a los ciudadanos un papel central en la identificación de problemas y en la búsqueda de soluciones.
- **Facilitación de la participación:** es importante eliminar barreras (como el idioma) y hacer que la participación sea sostenible (por ejemplo, optimizando las reuniones).
- **Información y sensibilización:** es importante asegurarse de que todos conozcan los proyectos y se sientan motivados e informados para involucrarse.
- **Crear alianzas estratégicas:** es esencial fomentar la colaboración entre instituciones (organismos internacionales, gobiernos locales), líderes comunitarios y la propia población para responder de manera efectiva a las necesidades comunes.

La valoración de la participación es un proceso en el que los miembros de la comunidad intervienen en todos los aspectos relacionados con la evaluación de la intervención —como la definición de los criterios, el análisis de datos o el uso de la información—. Asimismo, constituye un proceso de trabajo en grupo, por lo que se analiza el recorrido seguido, el grado de participación y las iniciativas generadas, así como la solidez y la continuidad del trabajo. Además, se caracteriza por:

- **Implicación activa de la comunidad:** se basa en la participación activa de las partes interesadas locales y de los beneficiarios, reconociendo y aprovechando su conocimiento.

- ⟳ **Evaluación como proceso de aprendizaje:** fomenta un proceso continuo de aprendizaje y desarrollo de capacidades locales, fortaleciendo las organizaciones comunitarias y su autonomía.
- ⟳ **Uso del conocimiento local:** el conocimiento local se considera fundamental y se integra en el proceso para aportar nuevas perspectivas y definir criterios de evaluación relevantes.
- ⟳ **Empoderamiento local:** busca aumentar el control y el empoderamiento de los actores locales para que puedan tomar decisiones informadas y mejorar su propio desarrollo.
- ⟳ **Facilitación y colaboración:** los evaluadores actúan como facilitadores del proceso, promoviendo el diálogo y la colaboración entre los diferentes actores.
- ⟳ **Consideración de la equidad:** se orienta a abordar las desigualdades y la exclusión social, trabajando con grupos vulnerables y promoviendo la integración de todos los miembros de la comunidad.
- ⟳ **Generación de beneficios:**

  - ◊ Los resultados de la evaluación son más pertinentes y confiables al incorporar diversas perspectivas.
  - ◊ Los actores locales se apropian de la información, lo que genera un aprendizaje más profundo para futuras intervenciones.
  - ◊ Contribuye al fortalecimiento de las organizaciones comunitarias al mejorar su capacidad de reflexión y análisis.

Para ello, mediante la aplicación de diversas técnicas (buzón de sugerencias, encuestas, entrevistas personales, grupos focales...) se recoge información sobre los siguientes aspectos:

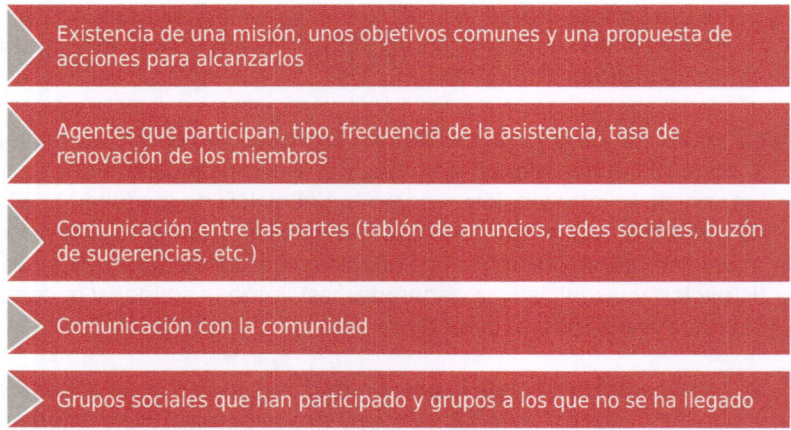

Existencia de una misión, unos objetivos comunes y una propuesta de acciones para alcanzarlos

Agentes que participan, tipo, frecuencia de la asistencia, tasa de renovación de los miembros

Comunicación entre las partes (tablón de anuncios, redes sociales, buzón de sugerencias, etc.)

Comunicación con la comunidad

Grupos sociales que han participado y grupos a los que no se ha llegado

En este proceso es fundamental establecer indicadores claros para medir el grado y la calidad de la participación, como son la cantidad de personas que asistieron a reuniones, la diversidad de grupos participantes (edad, género, etnia) o la satisfacción de los participantes con el proceso.

PARA SABER MÁS

Puedes obtener más información sobre la acción comunitaria accediendo desde aquí.

https://redirectoronline.com/1128010105

https://redirectoronline.com/1128010106

https://redirectoronline.com/1128010107

Continúa en página siguiente >>

<< Viene de página anterior

https://redirectoronline.com/1128010108

8. Resumen

El desarrollo comunitario es un proceso dinámico y colaborativo a través del cual los miembros de una comunidad trabajan juntos para mejorar su vida colectiva, abordar sus necesidades más apremiantes y alcanzar un bienestar común que requiere analizar diversos aspectos de la comunidad:

Su organización	Sus estructuras	Sus indicadores socioculturales

De esta manera, obtendremos información que nos permite transformar la realidad social, económica y cultural para producir cambios positivos y duraderos en la calidad de vida de las personas. Su éxito está íntimamente ligado con:

Compromiso genuino	Participación activa de las y los implicados

Así se asientan las bases para una comunidad resiliente capaz de afrontar los desafíos contemporáneos y futuros.

Este proceso comienza con un análisis participativo de la realidad, que explora las potencialidades de lo que puede llegar a ser, situando a la comunidad en el centro de la solución de sus propios problemas, mientras los agentes externos actúan como catalizadores y apoyos esenciales en el proceso. La verdadera transformación comunitaria conduce a un desarrollo que es equitativo, justo y sostenible, gracias a la simbiosis existente entre:

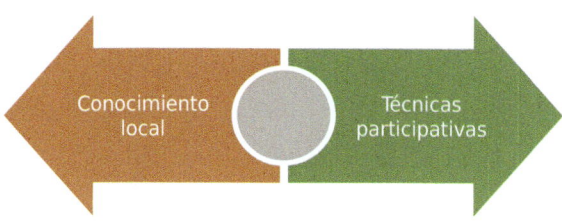

Tras el diagnóstico se inicia una fase de planificación participativa, que reconoce y valora la capacidad de las comunidades para contribuir al desarrollo de soluciones efectivas y sostenibles. Por ello, las incluye desde las fases tempranas para asegurar que los resultados sean pertinentes y alineados con:

⮑ Las necesidades locales
⮑ Las aspiraciones locales

Posteriormente, es necesario evaluar:

⮑ Las mejoras/objetivos alcanzados
⮑ La participación de la comunidad

De esta manera, se garantiza que se han alcanzado tanto los objetivos propios de las intervenciones con y para la comunidad como aquellos identificados por la comunidad misma.

Ejercicios de autoevaluación
Unidad de Aprendizaje 1

1. El término *comunidad* se caracteriza:

    a. Por tener un significado único.
    b. Por tener una naturaleza polisémica.
    c. Por ser solo un espacio físico.
    d. Todas las opciones son correctas.

2. En relación con el modelo *bottom-up,* señala la opción correcta:

    a. Las decisiones se toman sin que exista participación comunitaria.
    b. Describe un enfoque donde la sociedad civil participa activamente en la elaboración de políticas públicas en distintos niveles territoriales.
    c. Conlleva la imposición de normas desde arriba.
    d. Se caracteriza por la falta de interacción entre miembros.

3. En el desarrollo comunitario, la comunidad es:

    a. Un simple conglomerado de individuos pasivos
    b. Un agente activo y catalizador del progreso
    c. Un receptor pasivo de visiones externas
    d. Un elemento secundario sin gran impacto

4. Indica cuál es el paso previo esencial que realiza la técnica de igualdad de género antes de contactar a la comunidad:

    a. Implementar actuaciones directamente.
    b. Realizar un análisis de la estructura comunitaria.
    c. Informar sobre el modelo de intervención.
    d. Colaborar con el resto del equipo.

5. ¿Cuál de las siguientes necesidades se considera la más imperiosa para la subsistencia biológica, según la jerarquía de Maslow?

    a. Autorrealización y crecimiento personal
    b. Reconocimiento de la propia estima
    c. Seguridad y ausencia de miedo
    d. Fisiológicas, como alimentación y sueño

6. ¿Qué tipo de comunidad promueve un modelo de políticas públicas que prioriza la participación ciudadana desde la base?

    a. Autocrática o dictatorial
    b. Democrática
    c. Burocrática
    d. Centralizada

7. ¿Qué consecuencia conlleva la insatisfacción de las necesidades a nivel individual?

    a. Conflictos y disturbios sociales
    b. Descontento hacia instituciones
    c. Disminución de la productividad
    d. Problemas físicos de salud

8. Las necesidades humanas de reconocimiento, según Maslow, están principalmente relacionadas con:

    a. La subsistencia biológica del cuerpo.
    b. El crecimiento personal y las metas morales.
    c. La estabilidad, la protección y la ausencia de miedo.
    d. La autoestima, la competencia y la autoconfianza.

9. Una consecuencia de la insatisfacción de necesidades a nivel social es:

    a. Los problemas económicos individuales.
    b. El aumento de la productividad del PIB.
    c. Las tensiones y los conflictos sociales.
    d. La mejora del acceso a recursos.

10. ¿Qué caracterizó al movimiento Settlement?

     a. El empoderamiento comunitario.
     b. El control gubernamental.
     c. Los problemas sociales.
     d. Todas las opciones son correctas.

Los agentes del proceso comunitario

Contenido

Objetivos

Los objetivos específicos de esta Unidad de Aprendizaje son:

→ Conocer los principales agentes de cambio del proceso comunitario.
→ Conocer los diferentes contextos, ámbitos y sectores de intervención del desarrollo comunitario.
→ Identificar diferentes estrategias para crear y mantener relaciones con los diferentes agentes comunitarios.
→ Elaborar bases de datos de agentes, redes sociales, proyectos y programas comunitarios.
→ Conocer la importancia de mantener actualizados los datos relativos a los cauces y fuentes de información.
→ Definir estrategias adecuadas para crear y mantener relaciones efectivas con los diferentes agentes comunitarios, aplicando principios de participación, confianza, comunicación y adaptación al contexto.

1. Introducción

Como se ha visto en la unidad anterior, la participación es un elemento crucial, pues permite que la comunidad defina sus necesidades y se involucre activamente en la búsqueda de soluciones para un bienestar colectivo y una mayor integración social.

En el desarrollo comunitario participan tanto las personas residentes en la comunidad como las organizaciones no gubernamentales (ONG), los voluntarios que donan su tiempo, los líderes comunitarios que guían a los demás, los emprendedores y empresarios que generan empleo, y los entes gubernamentales, como las municipalidades, que brindan asesoramiento y promueven el desarrollo local. Todos ellos están implicados en la identificación de problemas y sus soluciones.

Para facilitar la gestión, la participación se realiza a través de los agentes del desarrollo comunitario, que son todas aquellas personas, grupos y organizaciones que intervienen para generar un cambio positivo y sostenible en una comunidad, incluyendo tanto a profesionales de diversas áreas (educativa, sanitaria, laboral, empresarial...) y profesiones como a personas voluntarias (agentes comunitarios de salud o convivencia), que forman parte del liderazgo local y la población en general. Sus funciones incluyen facilitar procesos de participación ciudadana, dinamizar la planificación y ejecución de proyectos, mediar en conflictos y fortalecer las capacidades y la identidad de los vecinos para mejorar sus condiciones de vida.

Estas personas se encuentran lideradas y representadas por lo que se conoce como *equipo comunitario,* que es un componente esencial en el diseño y ejecución de proyectos comunitarios exitosos y que se caracteriza porque, en él, las personas implementan diferentes roles y responsabilidades para maximizar el impacto y la sostenibilidad del proyecto.

Para conocer los diferentes aspectos relacionados con los agentes de desarrollo comunitario, nos seguiremos basando en las actuaciones que realiza Susana, técnica de promoción de igualdad de género, en la asociación en la que ejerce.

2. El equipo comunitario

☞ **HILO CONDUCTOR**

Es la primera vez que Susana va a colaborar en una intervención de desarrollo comunitario. Por ello, ha decidido recopilar información que le permita participar satisfactoriamente en el proyecto y, al mismo tiempo, ofrecer orientación a las personas voluntarias que forman parte de él.

Un **equipo comunitario** es un grupo diverso de individuos que trabajan juntos hacia un objetivo común: mejorar la calidad de vida en una comunidad determinada. La estructura y dinámica de este equipo pueden variar según el tipo de proyecto, pero siempre compartirán el compromiso colectivo de trabajar en beneficio de la comunidad.

El éxito de los equipos comunitarios está relacionado con:

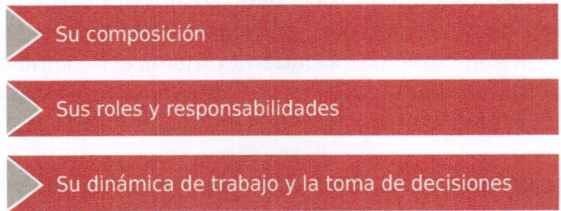

Su composición

Sus roles y responsabilidades

Su dinámica de trabajo y la toma de decisiones

A continuación, explicaremos cada uno de los anteriores aspectos de manera más detallada.

Composición

La composición de un equipo comunitario es esencial para su éxito. Idealmente, debe incluir a personas con una variedad de habilidades y experiencias, así como representantes de diferentes sectores de la comunidad:

➲ **Miembros de la comunidad:** integrar a miembros representativos y comprometidos fomenta la aceptación y asegura que las acciones emprendidas resuenen con las verdaderas necesidades y aspiraciones de la gente.

- **Líderes comunitarios:** son individuos con influencia y credibilidad entre los miembros de la comunidad. Su participación es valiosa para movilizar recursos y apoyo a lo largo del proceso de implementación.
- **Expertos técnicos:** son profesionales con conocimientos especializados relevantes para el proyecto, como ingenieros, educadores o profesionales de la salud, que proveen una perspectiva técnica y fundamentada que puede guiar el diseño y el desarrollo de las soluciones propuestas.
- **Facilitadores o gestores de proyectos:** estas personas son responsables de dirigir las operaciones diarias del proyecto. Poseen habilidades para gestionar recursos, coordinar reuniones y comunicar de manera efectiva entre los diversos actores clave.

Sus roles y responsabilidades

El éxito de un proyecto comunitario requiere la clara definición de roles y responsabilidades dentro del equipo. Existen los siguientes roles:

- **Coordinador del proyecto:** esta persona lidera el equipo y es responsable de la planificación y ejecución del proyecto. Se asegura de que todas las actividades estén alineadas con los objetivos y cronogramas previstos.
- **Líderes de equipo:** personas responsables de supervisar tareas específicas y grupos de trabajo dentro del proyecto; funcionan como enlaces entre los coordinadores y el equipo básico.
- **Encargados de comunicación:** son los portavoces designados para presentar avances, retos y resultados tanto a la comunidad como a las entidades externas involucradas (gobierno, ONG, otras comunidades).

 **DEFINICIÓN**

Rol
Función que alguien o algo desempeña. El término, además, es sinónimo de cometido, papel o función.

Habilidad social y/o personal
Hace referencia al conjunto de conductas, pensamientos y emociones que permiten interactuar con otras personas de manera efectiva y satisfactoria, promoviendo relaciones interpersonales respetuosas y la resolución de conflictos. Las habilidades sociales cambian a lo largo de la vida, pudiendo empeorar o mejorar como consecuencia de la interacción con el medio y de programas de entrenamiento en habilidades sociales.

Dinámica de trabajo y toma de decisiones

Hace referencia a cómo un grupo colabora para resolver problemas y alcanzar objetivos, mejorando la comunicación y la confianza a través de actividades prácticas que permiten identificar y desarrollar habilidades de liderazgo, trabajo en equipo y pensamiento crítico en un entorno simulado o real. Las dinámicas buscan mejorar la capacidad del equipo para considerar distintas perspectivas, evaluar alternativas y llegar a acuerdos de manera efectiva, lo que conduce a un mejor desempeño y a un ambiente laboral más saludable. Por tanto, es un proceso interactivo y colaborativo donde un grupo realiza actividades o ejercicios en los que interactúa, analiza colectivamente la información y delibera e intenta llegar a una conclusión o solución acordada. En definitiva, sus miembros requieren tener habilidades sociales y personales que favorezcan:

- **La comunicación abierta y continua:** la clave para un buen desempeño del equipo es la comunicación efectiva. Se deben establecer canales claros para compartir información importante y fomentar un ambiente donde todos se sientan cómodos expresando sus ideas y preocupaciones.
- **La resolución de conflictos:** es natural que surjan desacuerdos en cualquier trabajo en equipo. Se deben implementar mecanismos de resolución de conflictos que se consideren justos y transparentes, dando espacio para que todas las voces sean escuchadas y las diferencias sean resueltas constructivamente.
- **El proceso participativo de toma de decisiones:** las decisiones dentro del equipo deben ser tomadas de manera consensuada, asegurando la inclusión de todas las partes, respetando sus opiniones y analizando cuidadosamente los beneficios y los riesgos potenciales de cada opción.

2.1. Equipo interdisciplinario y equipo multidisciplinario

En función de los roles y responsabilidades, así como de la dinámica de trabajo en equipo y de la toma de decisiones, nos encontramos con:

- **Equipo interdisciplinario:** es un grupo de profesionales de diferentes disciplinas que colaboran para alcanzar un objetivo común, aportando sus conocimientos y perspectivas únicas. Se caracterizan, además de por lo indicado anteriormente, por:

  - **La diversidad de conocimientos:** los miembros provienen de diferentes áreas, lo cual genera soluciones más originales y efectivas, por lo que es más efectivo; optimiza el trabajo y se alcanzan los objetivos más rápidamente.

‚ **Interdependencia de roles:** los miembros se complementan y cada uno aporta desde su especialidad, lo cual mejora la solución de los problemas, al considerarse el problema desde diferentes perspectivas. Ello, además, genera soluciones más completas.

⊃ **Equipo multidisciplinario:** se diferencia del equipo interdisciplinario por las relaciones entre sus miembros. En esta modalidad de trabajo en equipo, las diferentes disciplinas no interactúan mucho entre sí.

Las **estrategias de colaboración** hacen referencia a la forma en que los miembros estructuran el trabajo en equipo. Para cohesionar y fortalecer este trabajo, se fomenta la colaboración efectiva, la cual requiere:

⊃ **Reuniones periódicas y revisión de objetivos:** las reuniones deben ser planeadas con un propósito claro y una agenda establecida. Revisar los objetivos y progresos en cada encuentro ayuda a mantener al equipo alineado y motivado. Además, si las personas se reúnen de manera telemática es necesario:

‚ Establecer objetivos y expectativas claras sobre la reunión.
‚ Emplear herramientas colaborativas.
‚ Sentar las bases de una comunicación bidireccional y constante.
‚ Fomentar la transparencia, un ambiente positivo y la autogestión.
‚ Brindar retroalimentación regular.

⊃ **Capacitación y desarrollo de habilidades**: para fortalecer las habilidades de los miembros del equipo, se implementarán programas de entrenamiento en habilidades sociales para promover el crecimiento continuo y la adaptabilidad a los desafíos futuros. En estos talleres se entrena la comunicación asertiva, la escucha empática, la empatía, la resolución de conflictos y el trabajo en equipo, utilizando para ello dinámicas grupales, *roleplaying* y simulaciones para que las personas participantes practiquen e integren dichas competencias.
⊃ **Tecnologías de la información y la comunicación (TIC):** el uso de herramientas digitales puede mejorar la comunicación y la coordinación del trabajo. Plataformas colaborativas, videoconferencias y *software* de gestión de proyectos son recursos valiosos para fomentar la cooperación y la productividad.

2.2. Desafíos y soluciones potenciales

El trabajo en equipo conlleva la existencia de desafíos y limitaciones que afectan al desempeño del trabajo, y que tienen su origen en causas:

⮞ **Inherentes al equipo:** los principales desafíos en el trabajo en equipo incluyen:

- **Falta de confianza:** los miembros del equipo no se sienten seguros para ser vulnerables, expresar sus debilidades o admitir errores, lo que dificulta la colaboración y el aprendizaje.
- **Temor al conflicto:** se evita el debate constructivo y la discusión abierta de ideas, lo que impide la toma de decisiones ágiles y la identificación de soluciones óptimas.
- **Falta de compromiso:** la falta de claridad en las decisiones o la ambigüedad en los objetivos lleva a la falta de alineación y a que los miembros no se comprometan plenamente.
- **Evitar responsabilidades:** los miembros no se hacen responsables de sus tareas y no se confrontan cuando el rendimiento no cumple las expectativas.
- **Comunicación deficiente:** la falta de un intercambio abierto y claro de información puede generar malentendidos y afectar la coordinación.
- **Roles y responsabilidades poco claros:** cuando no se definen los roles, es difícil saber quién es responsable de qué, lo que puede llevar a la ineficiencia.

⮞ **Inherentes al programa o proyecto:** el programa o proyecto es financiado con fondos procedentes de subvenciones, ayudas, etc., lo cual ocasiona problemas relacionados con:

- **Limitaciones de recursos:** muchas veces se deben enfrentar recursos financieros, técnicos o humanos limitados. La solución reside en buscar asociaciones externas y optimizar el uso de los recursos disponibles.
- **Sostenibilidad del proyecto:** la continuidad posimplementación es otro reto significativo. Crear un plan sostenible con actividades que fortalezcan las capacidades locales y contar con un sistema autogenerador de recursos asegura que el impacto tenga un efecto prolongado.

Además, estos proyectos suelen implementarse en entornos multiculturales o multigeneracionales, lo que puede generar resistencia al cambio y frenar su avance. Para solventar este problema, es importante sensibilizar sobre los beneficios a largo plazo, involucrar a líderes locales y realizar charlas informativas, lo cual ayuda a mitigar este tipo de resistencias.

Además, para asegurar su eficacia, los equipos deben revisar su desempeño mediante una **evaluación continua** en la que se establecen indicadores de éxito claros y realistas que permitan medir el progreso. Pero también pueden implementar actuaciones de *feedback* interno (miembros del equipo) y externo (comunidad beneficiada). De esta manera, se crean equipos comunitarios exitosos:

⊃ **Proyecto de mejora de infraestructura urbana en una comunidad rural:** un equipo compuesto por líderes comunitarios, ingenieros civiles, representantes del gobierno local y ciudadanos interesados colaboraron exitosamente para mejorar las condiciones de los caminos y redes de agua potable en su comunidad. A través de reuniones de consulta públicas y talleres de diseño participativos, lograron obtener el apoyo del gobierno para financiar las mejoras necesarias, que incluyen las necesidades detectadas por las mujeres en aspectos como la seguridad en los caminos.

⊃ **Iniciativa de educación comunitaria:** en otro ejemplo, una comunidad desarrolló un programa preventivo de educación enfocado en salud alimentaria. Instructores locales, nutricionistas y voluntarios comunitarios trabajaron juntos para crear un currículo adecuado y accesible, mediante la realización de campañas de sensibilización casa por casa que resultaron en una reducción significativa en las tasas de malnutrición —teniendo en cuenta las características relacionadas con la economía doméstica, los problemas de conciliación familiar, etc. indicadas por las mujeres—.

 ACTIVIDAD 4

Ana trabaja como promotora para la igualdad de género en CIM, que forma parte del Consejo Municipal de la Mujer. Está pensando en realizar actividades de desarrollo comunitario dentro de la programación del área de bienestar social del ayuntamiento. El CIM le ha pedido que indique las personas que sería bueno que participasen en todo el procedimiento. ¿Qué información facilitará Ana? Selecciona todas las opciones que consideres correctas.

a. Miembros de las diferentes asociaciones de mujeres.
b. Líderes comunitarios relacionados con la inserción laboral de las mujeres, la conciliación familiar, el ocio y la cultura…
c. Expertas técnicas que intervienen directamente con las mujeres: miembros de las Fuerzas y Cuerpos de Seguridad del Estado, de la Red Orienta, del centro escolar, etc.
d. Madres y padres que formen parte de la AMPA.

3. El dinamizador comunitario: papel, funciones y protocolos de presentación

☞ HILO CONDUCTOR

Susana, para poder realizar correctamente sus funciones, considera importante que el resto de las personas que componen el equipo, con independencia de si ejercen como profesionales o como personas voluntarias, conozcan su papel y sus funciones. Por ello, elabora un documento en el que las recoge. Además, y puesto que el resto de las personas que componen el equipo tienen también que presentarse al resto de la comunidad, para facilitar la realización de esta tarea elabora un pequeño documento sobre protocolos de presentación.

- -

Un dinamizador comunitario es un profesional o voluntario encargado de facilitar y promover procesos de participación ciudadana en contextos comunitarios. Su objetivo principal es fomentar la interacción y la cooperación entre los diferentes agentes de la comunidad para impulsar un desarrollo consensuado y sostenible.

3.1. Papel y funciones

Más allá de simplemente organizar actividades o reuniones, el dinamizador actúa como un catalizador de cambio, ayudando a definir y alcanzar los objetivos comunitarios, por ello:

- **Facilita la participación:** el dinamizador es responsable de crear entornos accesibles y motivadores para que todos los miembros de la comunidad puedan participar de manera activa. Esto incluye organizar encuentros, talleres y foros de discusión donde el diálogo abierto y el respeto mutuo prevalezcan. Un ejemplo de esta labor es organizar talleres de planeación participativa donde los vecinos puedan expresar sus ideas y preocupaciones.
- **Detecta necesidades:** el dinamizador debe tener la capacidad de identificar las necesidades y problemas reales en la comunidad. Esto se logra mediante la observación, la escucha activa y la recopilación de datos a través de encuestas y entrevistas. Por ejemplo, puede coordinar la realización de encuestas comunitarias para entender mejor los problemas más apremiantes, como la falta de espacios recreativos.

○ **Fomenta el empoderamiento:** parte integral del rol del dinamizador es empoderar a los miembros de la comunidad para que asuman un papel activo en el desarrollo de soluciones. Esto significa no solo proporcionar las herramientas necesarias, sino también construir la confianza y habilidad para que las personas puedan liderar iniciativas. Un caso típico es formar a líderes comunitarios a través de programas de capacitación que mejoren su liderazgo y sus habilidades de gestión de proyectos.

○ **Promueve la inclusión:** el dinamizador debe asegurarse de integrar a todos los miembros de la comunidad, especialmente aquellos que tradicionalmente han sido marginados o excluidos. Esto podría implicar trabajar con grupos vulnerables, como ancianos, jóvenes en riesgo o minorías étnicas. Una de sus tareas puede ser diseñar actividades inclusivas que atiendan las habilidades y preferencias de todos los participantes.

○ **Articula recursos y redes:** mediante la identificación y vinculación de recursos disponibles en la comunidad y la creación de redes de apoyo, el dinamizador puede potenciar el alcance de los proyectos comunitarios. A través de encuentros con ONG, entidades gubernamentales y empresariales, se pueden forjar alianzas estratégicas que beneficien al colectivo general.

Para desempeñar su rol de manera efectiva, el dinamizador comunitario debe poseer una serie de **habilidades técnicas y humanas.** A continuación, detallamos algunas de las más importantes:

○ **Comunicación efectiva:** la capacidad de comunicarse de forma clara y persuasiva es esencial para un dinamizador. Debe ser capaz de dirigir discusiones, resolver conflictos y presentar ideas de manera que sean comprendidas por todos los actores involucrados. Por ejemplo, en reuniones comunitarias, el dinamizador debe sintetizar eficientemente los puntos de vista, asegurando que se reflejen en el plan de acción.

○ **Empatía y sensibilidad cultural:** entender y respetar las diferencias culturales dentro de una comunidad es crucial. El dinamizador debe ser sensible a las diversas necesidades y perspectivas culturales. En comunidades multiculturalmente diversas, esto podría manifestarse al establecer protocolos que respeten las tradiciones y los valores de todas las etnias presentes.

○ **Resolución de problemas:** los dinamizadores enfrentan retos variados diariamente, desde conflictos interpersonales hasta falta de recursos. Una habilidad clave es la solución de problemas de manera creativa e innovadora. Cuando un proyecto se ve amenazado por diferencias internas, un dinamizador efectivo puede mediar y encontrar compromisos satisfactorios para todas las partes.

○ **Liderazgo participativo:** el dinamizador comunitario debe ejercer liderazgo de una manera que promueva la cooperación y la participación en lugar de imponer sus opiniones. Un enfoque de liderazgo participativo es clave para que todos sientan que poseen un rol relevante en el proceso comunitario.

➲ **Gestión del proyecto:** el dinamizador maneja múltiples tareas, por lo que las habilidades organizativas y de gestión de tiempo son esenciales. Debe planificar, coordinar, ejecutar y evaluar proyectos comunitarios, asegurando que se mantengan en el umbral del presupuesto y que se respeten los plazos. Esto puede incluir la planificación de un calendario detallado de actividades conjuntamente con los actores involucrados, ajustándose a las prioridades cambiantes de la comunidad.

3.2. Protocolos de presentación

Los protocolos de presentación son métodos estructurados que un facilitador utiliza para dar inicio a una sesión o actividad, asegurando una presentación efectiva de sí mismo, de los participantes y de los objetivos, con el fin de guiar posteriormente un proceso de colaboración y participación.

Los elementos clave para elaborar protocolos de presentación incluyen la identificación de:

Objetivos	Participantes
- Es importante conocer qué se espera lograr con la presentación y la sesión en general.	- Es imprescindible investigar y entender el perfil de las personas, para adaptar las dinámicas y el lenguaje; puede ser necesario implementar SAAC (sistemas alternativos y aumentativos de comunicación), como pictogramas o lengua de signos.

NOTA

Como paso previo al contacto con los miembros de la comunidad, el equipo comunitario promotor ha realizado una investigación genérica sobre necesidades, recursos, informantes clave, etc.

El establecimiento de los objetivos y la detección de las personas participantes permite preparar el material adecuado: contenido, lenguaje y dinámicas a implementar (rompehielos, como juegos de rol o lluvia de ideas para fomentar la colaboración).

Además, en la elaboración del protocolo de presentación es necesario tener en cuenta aspectos relacionados con:

- **Normas de presentación social:** es importante seguir una serie de reglas socialmente reconocidas para evitar que las personas se sientan incómodas. Entre ellas se encuentran presentar a la persona de menor rango a la de mayor rango, al hombre a la mujer y a la persona joven a la mayor.
- **Normas de presentación del contenido:** hacen referencia a cómo estructurar una presentación para que sea clara y efectiva. Debe contener las siguientes características:
  - **Introducción, cuerpo y conclusión:** la presentación debe incluir estos tres componentes principales para estructurar la propuesta o información.
  - **Uso de lenguaje claro:** debe utilizar un lenguaje profesional y respetuoso, evitando jerga y lenguaje demasiado informal.
  - **Interactuar con el público:** debe involucrar a la audiencia y establecer contacto visual para transmitir cordialidad y mantener su atención.
  - **Ser visual:** debe recurrir a elementos visuales para apoyar el mensaje y hacer la presentación más comprensible.
  - **Contar historias:** incorporar una narrativa puede hacer la presentación más atractiva y memorable.

El dinamizador debe ser un modelo de escucha activa, guiar la participación de todos y manejar los posibles conflictos. Por ello, un protocolo eficaz debe incluir estas habilidades, ya que generan un ambiente de confianza y respeto que asegura que todos se sientan cómodos, que la sesión sea exitosa y que exista el deseo de implementar el programa de desarrollo comunitario.

 ## ACTIVIDAD COMPLEMENTARIA

2. Isabel es técnica de promoción de igualdad y, como tal, tiene formación en el ámbito del desarrollo comunitario. Se encuentra realizando una búsqueda activa de empleo y, entre las acciones que va a llevar a cabo, está la presentación de candidaturas espontáneas. En las cartas que adjunta al currículo

Continúa en página siguiente >>

<< Viene de página anterior

que envía, Isabel desea incluir información sobre cómo puede ayudar a la organización para favorecer su contratación. Para ello, ha decidido localizar en internet ofertas de trabajo que le permitan especificar las funciones que realizará.

Tras la búsqueda, Isabel comprueba que puede realizar su labor profesional en diversos sectores y campos de intervención. ¿Qué información incluirá?

4. Creación y mantenimiento de relaciones con los agentes comunitarios: estrategias

☞ HILO CONDUCTOR

Susana es conocedora de la importancia que tiene crear y mantener relaciones con las diferentes personas relacionadas con los proyectos de intervención de desarrollo comunitario. Por ello, recaba información que facilitará al resto del equipo, con el fin de favorecer tanto la creación como el mantenimiento de víncu-los con los diferentes actores implicados en el proyecto o programa comunitario.

La dinámica comunitaria es un proceso en constante evolución, que se nutre de la interacción entre distintos actores, entre los cuales los agentes comunitarios desempeñan un rol esencial. Estos agentes, con sus diversas capacidades y conocimientos, facilitan el diálogo, vinculan recursos y pro-mueven el desarrollo colectivo. Uno de los retos más significativos al dise-ñar proyectos comunitarios es, por tanto, establecer y mantener relaciones efectivas y productivas con estos agentes.

Por ello, tanto la persona dinamizadora como las personas que componen el equipo promotor implementan estrategias que faciliten las relaciones efectivas y productivas.

 **DEFINICIÓN**

Estrategia

Plan de acción que se diseña para alcanzar una meta; en este caso, la creación y el mantenimiento de las relaciones con la comunidad.

4.1. Estrategias para crear y mantener las relaciones con la comunidad

En el ámbito de la intervención comunitaria, las estrategias para crear y mantener las relaciones con la comunidad se caracterizan por los aspectos que serán descritos a continuación.

Participación inclusiva desde el inicio

Implica involucrar a todos los actores (partes interesadas) en la construcción de un programa sólido que cuente con su aceptación. Para ello, se fomenta su sentido de responsabilidad en el proceso, de modo que se sientan copartícipes y dueños de los resultados.

Fomentar la participación cívica y la sociedad civil

Promoviendo la acción ciudadana se impulsa la democracia y la participación activa en la toma de decisiones. Para ello, es necesario colaborar con organizaciones de la sociedad civil, puesto que así se implementan programas que responden a las prioridades locales. Además, es necesario desarrollar actuaciones de capacitación y formación en liderazgo, gestión de proyectos y habilidades comunicativas, ya que proporcionan herramientas y conocimientos a los agentes implicados que benefician tanto al proyecto como a la comunidad, al dejar en esta un legado de habilidades.

Desarrollo económico local inclusivo

Este aspecto incluye apoyar a los pequeños negocios y, por tanto, fomentar el emprendimiento y las habilidades empresariales, especialmente en los sectores de empleo intensivo y de baja productividad. Para ello, se pueden establecer asociaciones público-privadas que contribuyan al desarrollo local, incluyendo el liderazgo de mujeres emprendedoras. La creación de proyectos lleva asociado el aumento del sentido de la propiedad y la responsabilidad compartida, a la par que solidifica las alianzas y asegura el respaldo mutuo.

Construir confianza y rendición de cuentas

Para fortalecer la confianza, es necesario que las soluciones propuestas sean aceptables para todas las partes, así como garantizar que los procesos sean transparentes y que los responsables rindan cuentas de los resultados.

Enfoques transversales y adaptados a la realidad local

Esto significa incluir aspectos como el género en todas las materias, pero también adaptar los programas y las estrategias a las realidades específicas de cada país y comunidad para asegurar su credibilidad y éxito.

Requerir habilidades sociales

Las personas que ejercen funciones relacionadas con el desarrollo comunitario tienen que poseer un conjunto de capacidades y actitudes que les permitan implementar conductas que faciliten la interacción efectiva y satisfactoria con las otras personas implicadas en el desarrollo comunitario. Estas capacidades y actitudes están relacionadas con:

Comunicación y empatía

Están relacionadas con la transmisión de información, ideas y sentimientos, teniendo en cuenta las emociones y perspectivas de otras personas. La comunicación efectiva es la piedra angular de las relaciones exitosas con los agentes comunitarios.

- **Amabilidad y respeto:** es importante practicar cortesías básicas, como dar los buenos días y mantener una actitud positiva y empática.
- **Comunicar de manera abierta y honesta:** comunicar de forma transparente, incluso si significa decir "no", para gestionar expectativas y fomentar la confianza.
- **Escuchar activamente:** dedicar tiempo a hablar con los miembros de la comunidad para entender sus necesidades y evitar malentendidos.
- **Usar diversos canales:** el uso de diversos canales (uso de medios tecnológicos, encuentros presenciales, materiales bilingües o adaptados)

asegura que la comunicación no está restringida por barreras de lengua o acceso y favorece la participación.

Participación y compromiso

Están relacionados con la implicación y la dedicación en el proceso de desarrollo comunitario y las actividades que se realicen. Para ello, se requiere:

- **Involucrar a la comunidad:** invitar a los miembros a participar en la planificación y toma de decisiones para fomentar la propiedad y la colaboración.
- **Participar en eventos locales:** asistir a eventos y actividades para fortalecer el sentido de comunidad y conocer a los vecinos.
- **Apoyar a la comunidad:** contribuir con acciones como el voluntariado activo, el apoyo a negocios locales y la participación en proyectos de mejora comunitaria.

Confianza y colaboración

Permite una colaboración exitosa, ya que facilita la comunicación abierta entre las personas y el intercambio de información necesario para trabajar conjuntamente hacia objetivos comunes. Para ello, se requiere:

- **Ser transparente y responsable:** ser claro sobre las intenciones y cumplir con los compromisos adquiridos, puesto que son la base necesaria sobre la que se construye una base sólida de confianza.
- **Fomentar la colaboración:** consiste en buscar formas de colaborar y coordinarse con diferentes agencias y organizaciones para maximizar el impacto.
- **Reconocer la participación:** reconocer la participación activa para mantener el compromiso y motivar a los miembros.

Flexibilidad y adaptación

Es la capacidad para adaptarse y responder positivamente a los cambios, situaciones nuevas o inesperadas, pero también a las opiniones de terceras personas. Ello requiere:

- **Ser adaptable:** ser flexible para responder a los desafíos y situaciones inesperadas sin perder la confianza de la comunidad.

⮞ **Conocer a tu audiencia:** utilizar datos y encuestas para entender las necesidades e intereses de tu audiencia y adaptar tus estrategias en consecuencia.

Conocer el contexto de la comunidad

Para crear y mantener relaciones significativas con los agentes comunitarios, es crucial considerar las siguientes dimensiones:

⮞ **Cultural:** cada comunidad posee valores, creencias y tradiciones únicas que moldean las interacciones. Respetar y entender estas particularidades es esencial. Por ejemplo, en una comunidad indígena, observar los rituales tradicionales puede ser un aspecto importante para ganar la confianza de sus líderes comunitarios.
⮞ **Socioeconómica:** las diferencias en niveles de acceso a recursos económicos condicionan las prioridades y preocupaciones de la comunidad. Un agente comunitario en un entorno urbano puede tener intereses distintos de los de una comunidad rural.
⮞ **Político-administrativa:** estructuras políticas y jerarquías dentro de la comunidad pueden afectar la manera en que se deben abordar las relaciones. Conocer quiénes tienen la influencia y el poder de decisión agiliza el establecimiento de colaboraciones efectivas.

Identificar a los actores clave

No todos los agentes tienen el mismo rol o influencia dentro de una comunidad. Por ello, es importante identificar:

⮞ **Líderes formales e informales:** los líderes formales pueden incluir a funcionarios gubernamentales y líderes cívicos reconocidos. Sin embargo, los líderes informales a menudo tienen una poderosa influencia social o comunitaria que puede ser decisiva para el éxito de un proyecto.
⮞ **Grupos de interés:** más allá de los líderes, grupos organizados —como asociaciones de vecinos, cooperativas y organizaciones no gubernamentales— tienen intereses y recursos que pueden potenciar los proyectos comunitarios.
⮞ **Iniciativas y movimientos:** algunos cambios dentro de la comunidad son guiados por movimientos o iniciativas populares. Integrarse en estas dinámicas facilita el establecimiento de relaciones más sólidas.

Implementar una evaluación continua y adaptativa

Las relaciones deben ser evaluadas de manera continua para asegurar su salud y productividad. Ello requiere:

- ➲ **Retroalimentación regular:** establecer mecanismos para recibir y compartir *feedback* de manera constante. Esto puede involucrar encuestas, grupos focales o reuniones periódicas.
- ➲ **Monitoreo participativo:** involucrar a los agentes comunitarios en el monitoreo de las actividades para garantizar que se cumplen las metas y objetivos de manera consensuada.
- ➲ **Flexibilidad y adaptación:** ser receptivo a los cambios y adaptar las estrategias según las necesidades emergentes de la comunidad. Este tipo de acercamiento demostrará compresión y compromiso a largo plazo.

Llevando a cabo las anteriores estrategias se asegura la sostenibilidad de las relaciones con los agentes comunitarios, lo cual conlleva asociado:

Efecto multiplicador en la comunidad
- Incentivar la formación de redes de colaboración entre distintos agentes y organizaciones promueve un efecto multiplicador en la comunidad, garantizando que las relaciones sean sólidas y perduren en el tiempo.

Relaciones positivas y motivadoras
- Establecer momentos de felicitación y reconocimiento fortalece los vínculos personales y grupales, preservando relaciones positivas y motivadoras.

Creación de memoria institucional
- Documentar y archivar experiencias, intercambios y aprendizajes construidos en conjunto ayuda a preservar el conocimiento adquirido y sirve de guía para futuras iniciativas.

 **TAREA 2**

El Ayuntamiento del barrio de La Ribera ha lanzado el programa "Comunidad en Igualdad", con el propósito de:

Continúa en página siguiente >>

<< Viene de página anterior

- Promover la igualdad de oportunidades entre mujeres y hombres.
- Fomentar la participación equitativa en los espacios de decisión comunitaria.
- Visibilizar el papel de las mujeres en el desarrollo local y reducir brechas de participación.

Tú formas parte del equipo técnico encargado de la intervención comunitaria con enfoque de género.

Durante el diagnóstico inicial, detectas lo siguiente:

- Las asociaciones vecinales están lideradas principalmente por hombres mayores, y las mujeres participan poco en los espacios de decisión.
- Las mujeres jóvenes y migrantes manifiestan sentirse excluidas o poco representadas en las reuniones del barrio.
- Los horarios y lugares de las actividades comunitarias no facilitan la participación de personas con responsabilidades de cuidado.
- Existen estereotipos de género en la comunicación de las campañas y escasa presencia de referentes femeninos en la vida pública local.

Diseña una propuesta estratégica de intervención que fomente relaciones comunitarias igualitarias, asegurando la participación activa de las mujeres y la integración de la perspectiva de género en las acciones del programa:

Identifica los agentes comunitarios clave y analiza cómo influyen las desigualdades de género en sus relaciones (asociaciones, grupos juveniles, comerciantes, instituciones, etc.).

Propón tres estrategias para crear o fortalecer las relaciones entre los agentes comunitarios desde la igualdad de género.

- -

5. Elaboración de bases de datos en el ámbito comunitario

☞ HILO CONDUCTOR

Susana es conocedora de la importancia que tienen las bases de datos para la realización de las intervenciones transformadoras en la comunidad. Por ello, explica aspectos relacionados con estas a las diferentes personas que componen el equipo.

- -

Como se ha visto previamente, el desarrollo comunitario no es estático, sino todo lo contrario: es dinámico y existen cambios relacionados con:

Agentes de desarrollo	- Pueden cambiar tanto por motivos profesionales (jubilación, traslado, fin de contrato, cambio de funciones...) como personales (imposibilidad de realizar actuaciones voluntarias por necesidades relacionadas con la conciliación familiar, problemas de salud, incompatibilidad con horario laboral...).
Redes sociales	- Aparición de nuevas entidades dentro de la comunidad: organismos públicos, empresas privadas, tejido asociativo; pero también pueden desaparecer ciertas entidades o cambiar de ubicación física, horario de atención, etc. dentro de la comunidad.
Proyectos y programas comunitarios	- La intervención comunitaria en otras zonas geográficas —tanto nacionales como internacionales— genera un nuevo conocimiento que se manifiesta en intervenciones comunitarias que, mediante un procedimiento de *benchmarking*, pueden generar nuevas ideas y, por tanto, intervenciones en nuestra comunidad de referencia.

Por todo ello, las personas que intervienen en el desarrollo comunitario requieren disponer de información relacionada con cada uno de dichos aspectos, para alcanzar la finalidad de la intervención transformadora participativa. Dicha información se organiza en guías de recursos y en bases de datos.

DEFINICIÓN

Base de datos
Conjunto de datos organizados que permiten la obtención rápida de información diversa. Memoria informática con datos organizados para acceder a ellos individualmente.

Guía de recursos
Listado organizado de recursos de diversa naturaleza (humanos, materiales, económicos, organizativos...) que están disponibles para ser usados con un uso determinado.

5.1. Criterios para su realización

Las bases de datos facilitan la realización de las tareas de las diferentes personas que acceden a ellas. Para asegurar un diseño correcto, es necesario tener en cuenta los siguientes criterios:

- **Definir el propósito y los requisitos:** es necesario establecer qué se quiere lograr con la base de datos y los tipos de información que se necesita almacenar y consultar para:

  - Poder identificar los datos necesarios. Esto requiere conocer:

    - El propósito de la base de datos, que responde a las preguntas "¿Para qué se usará?, ¿qué problemas resolverá?, ¿quién la utilizará?".
    - Identificar los temas principales que recoge y los atributos o campos relacionados con dichos temas. Por ejemplo, si estamos introduciendo los datos de contacto de los miembros del equipo, los atributos o campos serían: nombre, apellidos, tipo de miembro (profesional/voluntario), organización, teléfono y dirección.

  - Definir la manera en que se vinculan los datos. Para ello es necesario establecer:

    - Clave primaria, que facilita la identificación inequívoca de cada fila introducida.
    - La relación entre las tablas, como por ejemplo la que relaciona a los miembros del equipo con las tareas que realizan.

- **Asegurar la calidad de los datos:** los datos se introducen para mejorar la ejecución de las tareas asignadas a cada persona. Por ello, es necesario asegurar que los datos introducidos:

  - No son redundantes: esto requiere que no se almacene la misma información en diversos lugares, y que se implemente de manera correcta la vinculación de datos/tablas.
  - Son precisos: es decir, que los datos deben ser correctos, actualizados y completos.

- **Identificar medidas de seguridad y acceso:** es necesario controlar el acceso, es decir, identificar a las personas que pueden tanto acceder como modificar los datos recogidos en la base de datos, lo que requiere que se implementen permisos de usuarios para proteger la información y que también se realicen de copias de seguridad para evitar pérdidas.

Siguiendo estos criterios nos aseguramos el acceso a información actualizada y precisa.

Actualmente, existen diversos SGBD (sistema de gestión de bases de datos) que ofrecen herramientas para definir los elementos indicados previamente.

DEFINICIÓN

Sistema de gestión de bases de datos (SGBD)
Software que permite crear, manipular, administrar y gestionar grandes cantidades de datos de manera eficiente y organizada.

- -

PARA SABER MÁS

Existen múltiples SGBD en el mercado. Puedes obtener más información sobre cada tipo de SGBD en los siguientes enlaces:

Continúa en página siguiente >>

<< Viene de página anterior

MySQL	Base Libre Office
https://redirectoronline.com/1128010203	*https://redirectoronline.com/1128010205*

PostgreSQL	Oracle Database
https://redirectoronline.com/1128010204	*https://redirectoronline.com/1128010206*

5.2. Selección, clasificación y archivo de la información

Para que la base de datos sea eficaz y eficiente, es necesario que:

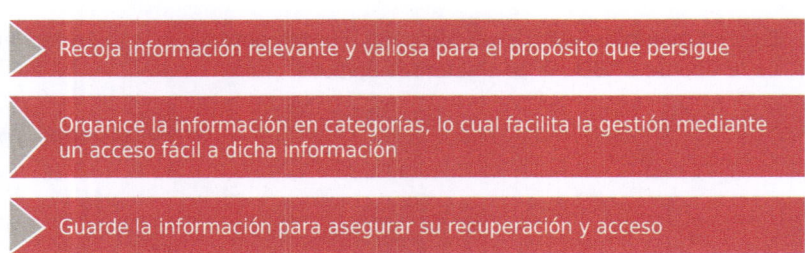

Recoja información relevante y valiosa para el propósito que persigue

Organice la información en categorías, lo cual facilita la gestión mediante un acceso fácil a dicha información

Guarde la información para asegurar su recuperación y acceso

Por todo ello, es necesario realizar las siguientes actuaciones en relación con la información:

➲ **Seleccionarla:** el primer paso es seleccionar la información que se va a recoger, lo cual requiere identificar qué información es valiosa. Es necesario:

○ Definir para qué se necesita la información (datos que se recogen), con independencia del objetivo para el que se utilicen, como investigación, análisis, contacto, etc.
○ Conocer la información que aporta valor y que, por tanto, debe ser preservada.
○ Considerar la calidad, la integración y la relevancia de los datos para el propósito definido previamente.

➲ **Clasificarla:** una vez seleccionado el tipo de información que se recogerá, es necesario organizar dicha información por categorías. Para ello, podemos utilizar:

○ Criterios relacionados con la importancia de los datos para la organización/entidad, pero también relacionados con la sensibilidad de los datos (confidencial, restringido o público).
○ Agrupar la información de manera coherente, como, por ejemplo, por áreas temáticas (personas del equipo de trabajo, de organizaciones que facilitan subvenciones, etc.).

➲ **Archivarla:** archivar la información permite su conservación y facilita organizarla.

La finalidad de una base de datos es permitir a las personas usuarias efectuar una consulta de base de datos. La **consulta de base de datos** es una solicitud para recuperar, modificar o eliminar información almacenada en una base de datos, utilizando un lenguaje estructurado.

5.3. Mantenimiento y actualización de la información

La información que recoge cualquier base de datos se introduce de manera que permita su recuperación, siguiendo criterios previamente establecidos y utilizando un lenguaje compatible con la aplicación informática empleada. De esta manera:

Encontramos información precisa	- Se localizan datos muy específicos dentro de grandes volúmenes de información. Por ello, se afirma que las bases de datos facilitan la extracción y organización de la información y simplifican la manipulación de datos complejos.
Filtramos y organizamos la información	- Podemos ordenar los registros de manera descendiente/ascendiente, así como revisar la información conforme a la petición o consulta realizada, puesto que se utilizan filtros predefinidos previamente durante la creación de la base de datos.
Tomar decisiones	- Puesto que las consultas permiten la extracción rápida de información, se facilita una toma de decisiones informadas y ágiles. Además, el uso de la base de datos mejora la gestión del tiempo, permitiendo destinarlo a la realización de otras tareas prioritarias.

Con independencia de la aplicación informática seleccionada por la organización o entidad, la información se introduce en los criterios establecidos para cada tipo de dato/campo:

- **Campo de texto:** se usa para buscar coincidencias exactas; por ejemplo, un criterio como "María" en un campo de persona de contacto devolvería solo los registros de ese nombre.
- **Campo numérico y de moneda:** los datos se introducen para mejorar la ejecución de las tareas asignadas a cada persona. Por ello, es necesario asegurarse de que los datos introducidos:
  - No son redundantes: que no se almacene la misma información en diversos lugares, y que se implemente de manera correcta la vinculación de datos/tablas.
  - Son precisos: es decir, que los datos deben ser correctos, actualizados y completos.
- **Campo fecha y hora:** sirve para filtrar por fechas específicas.
- **Campo sí/no:** se emplea para verificar un valor booleano, usando términos como "Sí", "Verdadero" o "1" para los registros que cumplen la condición.

El mantenimiento y la actualización de la información recogida en la base de datos son fundamentales para asegurar que la información llegue a las personas correctas, se asignen los recursos de manera correcta y se diseñen programas más precisos y efectivos. En definitiva, el mantenimiento y la actualización de la información recogida en la base de datos conllevan diversos beneficios al mejorar:

◗ **El rendimiento y la eficiencia:** la actualización periódica asegura la fiabilidad de la información y optimiza la estructura de los datos, lo que permite recuperar la información de forma más rápida y eficiente al reducir errores y malentendidos. Además, permite optimizar procesos internos que garantizan la eficiencia de las actuaciones que se realizan y anticipar decisiones que mejoran la productividad.

◗ **La toma de decisiones:** los datos desactualizados conducen a decisiones erróneas y a una mala asignación de recursos. Por ello, es fundamental mantener actualizada la información sobre los miembros de la comunidad, con el fin de identificar sus necesidades cambiantes y garantizar una distribución adecuada de los recursos, dirigiéndolos a los segmentos que más los necesiten. Esto permite:

  ◗ Desarrollar programas que realmente aborden problemas y necesidades específicas.
  ◗ Reducir el desperdicio de recursos y aumentar la efectividad de las intervenciones.

Además, tener los datos actualizados demuestra una preocupación por parte de la organización que fomenta la confianza y la participación activa en la comunidad.

En definitiva, mantener la base de datos actualizada permite que las organizaciones comunitarias tomen decisiones más acertadas sobre la planificación, la implementación y la evaluación del programa.

◗ **La productividad:** las personas realizan sus tareas con mayor rapidez y agilidad, puesto que no pierden el tiempo buscando o verificando si la información está o no desactualizada.

 PARA SABER MÁS

Puedes obtener más información sobre las bases de datos en el siguiente enlace. Accede desde aquí para verlo.

Continúa en página siguiente >>

<< Viene de página anterior

https://redirectoronline.com/1128010207

TAREA 3

María trabaja en una organización que colabora en programas de desarrollo comunitario para mejorar la calidad de vida de los miembros de la comunidad y de las mujeres en particular. A María le han indicado que identifique, junto con otros departamentos, qué información es necesario que recoja la base de datos que van a crear en la organización. ¿Qué información aportará? Justifica la importancia de tener actualizados los datos relativos a cauces y fuentes de información.

---

6. Resumen

La participación es el elemento crucial para el bienestar colectivo y conlleva que la comunidad:

Defina necesidades e intereses	Se involucre activamente en la búsqueda de soluciones

Para que la participación sea eficaz y efectiva, es necesario crear equipos de trabajo que se caracterizan por:

Estar compuestos por:

- Miembros de la comunidad
- Líderes
- Expertos técnicos

Tener entre sus funciones:

- Coordinar el proyecto
- Fomentar la comunicación con la comunidad

Tener una dinámica de trabajo caracterizada por:

- Comunicación abierta y continua
- Toma de decisiones participativa
- Resolución de conflictos

Dentro del equipo comunitario destaca la labor de la persona que ejerce el rol de dinamización comunitaria. Puede ser una persona voluntaria y tiene entre sus funciones:

| Facilitar la participación | Detectar necesidades | Fomentar el empoderamiento | Promover la inclusión | Articular recursos y redes |

Para asegurar la sostenibilidad de las relaciones y que estas sean productivas y eficaces, es necesario implementar estrategias caracterizadas por:

- Incluir protocolos de presentación
- Una participación inclusiva desde el inicio
- Desarrollo económico local inclusivo
- Construir confianza y rendir cuentas
- Aplicar enfoques transversales adaptados a la realidad
- Requerir habilidades sociales
- Conocer el contexto de la comunidad
- Identificar a los actores clave
- Implementar una evaluación continua y adaptativa

Las personas del equipo comunitario necesitan disponer de información actualizada relacionada con:

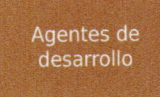

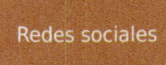

Por ello, se crean y usan bases de datos que permiten crear, manipular, administrar y gestionar un gran volumen de información. Para su creación y uso se pueden utilizar programas de código abierto que no conllevan coste para la organización y que permiten que esta sea eficaz, ya que:

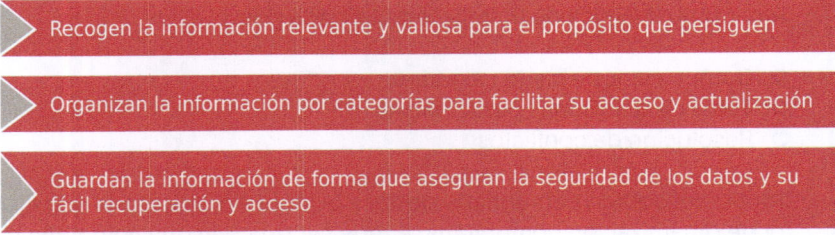

Para elaborar la base de datos es necesario seleccionar y clasificar la información, pero también archivarla de manera que se facilite su recuperación y su mantenimiento. Por ello, y con independencia del programa informático que soporte la base de datos, la información se introduce en una serie de campos en los que se clasifican los datos:

Ejercicios de autoevaluación
Unidad de Aprendizaje 2

1. ¿Cuál es la finalidad de una base de datos en el ámbito comunitario?

    a. Permitir a las personas usuarias efectuar una consulta de base de datos.
    b. Almacenar información sin posibilidad de recuperación.
    c. Eliminar información de manera permanente.
    d. Facilitar la comunicación entre los miembros de la comunidad.

2. ¿Qué se debe hacer con la información de las bases de datos?

    a. Seleccionarla, clasificarla y archivarla.
    b. Eliminarla de manera regular.
    c. Ignorarla si no es relevante.
    d. Compartirla sin restricciones.

3. ¿Cuál es una de las funciones del equipo comunitario promotor?

    a. Facilitar procesos de participación ciudadana.
    b. Realizar auditorías financieras.
    c. Desarrollar *software* de gestión.
    d. Crear campañas publicitarias.

4. ¿Qué se busca con la participación de la comunidad en el desarrollo comunitario?

    a. Definir sus necesidades y buscar soluciones.
    b. Aumentar la burocracia.
    c. Limitar la participación de los voluntarios.
    d. Reducir el número de proyectos.

5. ¿Cuáles son los elementos clave para elaborar protocolos de presentación en una sesión comunitaria?

    a. Identificación de objetivos, participantes e interacción
    b. Desarrollo de capacidades y recursos
    c. Análisis de conflictos y resolución
    d. Creación de bases de datos y gestión de información

6. ¿Qué papel desempeña el dinamizador en el proceso comunitario?

    a. Facilita procesos de participación ciudadana.
    b. Realiza auditorías de recursos.
    c. Desarrolla *software* para la comunidad.
    d. Elimina conflictos entre los participantes.

7. ¿Qué se busca al mantener actualizada la información en una base de datos comunitaria?

    a. Mejorar el rendimiento y la eficiencia.
    b. Aumentar la burocracia.
    c. Reducir la participación ciudadana.
    d. Limitar el acceso a la información.

8. ¿Cuál es una de las actividades consideradas de buenas prácticas en el ámbito de la salud comunitaria?

    a. Talleres de autonomía emocional
    b. Reuniones de planificación
    c. Auditorías de recursos
    d. Campañas publicitarias

9. ¿Qué se debe hacer antes de contactar a los miembros de la comunidad?

    a. Realizar una investigación sobre necesidades y recursos.
    b. Crear una base de datos.
    c. Desarrollar un plan de *marketing*.
    d. Organizar un evento comunitario.

10. Indica si las siguientes afirmaciones son verdaderas o falsas:

    a. El equipo comunitario promotor no necesita realizar una investigación previa sobre necesidades y recursos antes de contactar a los miembros de la comunidad.

        ■ Verdadero
        ■ Falso

b. La figura del dinamizador es fundamental para alcanzar las metas en un proyecto comunitario.

- ■ Verdadero
- ■ Falso

c. El mantenimiento y la actualización de la información en una base de datos contribuyen a mejorar la toma de decisiones.

- ■ Verdadero
- ■ Falso

Glosario

Análisis cuantitativo
Utiliza y facilita datos numéricos para medir y analizar fenómenos sociales.

Análisis cualitativo
Utiliza y facilita datos descriptivos y subjetivos para medir y analizar fenómenos sociales.

Base de datos
Conjunto de datos organizados para permitir la obtención rápida de información diversa. El Diccionario Panhispánico del Español Jurídico la describe como "memoria informática con datos organizados para acceder a ellos individualmente".

Comunidad
Término con múltiples significados. Según la RAE, puede referirse tanto a un conjunto de personas o naciones unidas por intereses comunes como a quienes comparten un mismo espacio físico y social. El Diccionario Panhispánico del Español Jurídico la define como "un conjunto de naciones unidas por símbolos, políticas o identidades comunes". Para la ONU, una comunidad es "un grupo diverso de actores que colaboran para construir un mundo más justo, equitativo y sostenible".

Consulta de base de datos
Solicitud para recuperar, modificar o eliminar información almacenada en una base de datos, utilizando un lenguaje estructurado.

Desarrollo comunitario
Proceso destinado a crear condiciones de progreso económico y social para toda la comunidad, promoviendo su participación activa y confiando al máximo en su propia iniciativa.

Dinamizador/a comunitario
Persona profesional o voluntaria encargada de facilitar y promover procesos de participación ciudadana en contextos comunitarios.

Empoderamiento comunitario
Involucrar a la comunidad en el proceso de planificación le da a los individuos y a los grupos una mayor sensación de control y propiedad sobre el proyecto, lo cual aumenta su compromiso y la probabilidad de que el proyecto tenga éxito.

Entidades del tercer sector
Organizaciones de carácter privado, surgidas de la iniciativa ciudadana o social, bajo diferentes modalidades, que responden a criterios de solidaridad y de participación social, con fines de interés general y ausencia de ánimo de lucro. Impulsan el reconocimiento y el ejercicio de los derechos civiles, así como de los derechos económicos, sociales o culturales de las personas y grupos que sufren condiciones de vulnerabilidad o que se encuentran en riesgo de exclusión social.

Equipo comunitario
Grupo diverso de individuos que trabajan juntos hacia un objetivo común: mejorar la calidad de vida en una comunidad determinada. La estructura y dinámica de este equipo pueden variar según el tipo de proyecto, pero siempre existirá un compromiso colectivo de trabajar en beneficio de la comunidad.

Estrategia
Plan de acción que se diseña para alcanzar una meta; en este caso, la creación y el mantenimiento de las relaciones con la comunidad.

Federaciones, confederaciones y uniones de asociaciones
El artículo 2 del RD 949/2015, de 24 de octubre, define las federaciones, confederaciones y uniones de asociaciones como "entidades asociativas de segundo grado, cuyos promotores son personas jurídicas de naturaleza asociativa constituidas al amparo de dicha ley orgánica e inscritas en el Registro Nacional de Asociaciones o en los correspondientes registros autonómicos de asociaciones". Especifica que "se consideran federaciones y uniones las entidades promovidas por tres o más asociaciones, y confederaciones las entidades promovidas por un mínimo de tres federaciones".

Fundación
Organización sin fines de lucro que destina de forma permanente su patrimonio a la realización de objetivos de interés general, según la voluntad de sus fundadores.

Guía de recursos
Listado organizado de recursos de diversa naturaleza (humanos, materiales, económicos, organizativos...) que están disponibles para ser usados con un uso determinado.

Habilidad social y/ o personal
Conjunto de conductas, pensamientos y emociones que permiten interactuar con otras personas de manera efectiva y satisfactoria, promoviendo relaciones interpersonales respetuosas y la resolución de conflictos. Las habilidades sociales cambian a lo largo de la vida, pudiendo empeorar o mejorar como consecuencia de la interacción con el medio y de programas de entrenamiento en habilidades sociales.

Indicadores de género
Cualquier instrumento existente que permita medir la igualdad en una sociedad. Se utilizan para analizar cómo se perciben y se asignan roles, responsabilidades y oportunidades en función del género en las diversas esferas de la vida diaria.

ONG
Organización, grupo o institución sin ánimo de lucro que opera independientemente de un gobierno y que tiene objetivos humanitarios o de desarrollo.

Planificación participativa
Enfoque clave en el diseño de proyectos comunitarios que promueve el compromiso y la colaboración efectiva dentro de la comunidad. Se caracteriza por involucrar activamente a las personas en el proceso de toma de decisiones.

Problemas individuales
asociados a problemas físicos (problemas de salud), problemas emocionales y comportamentales (frustración, baja autoestima, control de impulsos...), problemas laborales (absentismo laboral, desempleo) o problemas económicos (falta de acceso a recursos de alimentación, higiene, vestido, residenciales, de ocio...).

Problemas sociales
relacionados con tensiones que se manifiestan en conflictos sociales (disturbios, manifestaciones, violencia, aumento de la criminalidad...) y también en un descontento y desconfianza hacia las instituciones, hacia el trabajo (disminuyendo la productividad y, por tanto, el PIB), hacia el consumo, etc.

Protocolos de presentación

Métodos estructurados que un facilitador emplea para iniciar una sesión o actividad, presentarse, presentar a los participantes y los objetivos, y así propiciar un proceso colaborativo y participativo.

Rol

Función que alguien o algo desempeña. El término, además, es sinónimo de cometido, papel o función.

Sin ánimo de lucro

Implica que los beneficios o excedentes económicos obtenidos no pueden repartirse entre los socios, sino que deben reinvertirse para cumplir los fines de la asociación. No obstante, se permite realizar actividades económicas para financiar las acciones necesarias para alcanzar dichos fines.

Sistema de gestión de bases de datos (SGBD)

Software que permite crear, manipular, administrar y gestionar grandes cantidades de datos de manera eficiente y organizada.

Sociedad autocrática o dictatorial

El poder se concentra en una sola persona, cuyas decisiones se imponen sin participación ni control por parte de la comunidad. En este tipo de sociedades se aplica el modelo de políticas públicas *top-down* o "de arriba hacia abajo", donde las decisiones se toman desde los niveles superiores y se ejecutan en los inferiores.

Sociedad democrática

Se caracteriza por su compromiso con valores como la justicia, la igualdad, la solidaridad, la libertad, la libre expresión y el respeto a los derechos individuales y colectivos. Promueve la solución pacífica de los conflictos y un sistema de gobierno basado en la toma de decisiones colectivas, mediante el voto directo, la participación ciudadana o la representación. Además, aplica el modelo de políticas públicas *bottom-up.*

Subvención

Ayuda económica otorgada a personas o entidades públicas o privadas, sin contraprestación directa, destinada al cumplimiento de un objetivo específico. Su concesión implica el cumplimiento de determinadas obligaciones materiales y formales, y suele ser otorgada por las Administraciones públicas u otros organismos de derecho público.

Valoración de la participación

Proceso en el que los miembros de la comunidad intervienen en todos los aspectos de la evaluación de una acción o proyecto (definición de criterios, análisis de datos, uso de la información, etc.). Incluye la revisión del trabajo en grupo, analizando el proceso seguido, el nivel de participación, las inicia-tivas generadas y la solidez y continuidad del trabajo realizado.

Bibliografía

Monografías

→ RODRÍGUEZ Jover, A: *Responsabilidad social corporativa*. ADGG072PO. Antequera: IC Editorial, 2019.

> Especialidad formativa en la que se describen tanto aspectos básicos de la responsabilidad social corporativa —ámbito de actuación, iniciativas y foros de participación y representación— como aspectos relacionados con la gestión de la responsabilidad social corporativa y la realización de actuaciones en y con el tercer sector.

Textos electrónicos

→ Indicadores de género. Guía práctica. Elaborada por el Gobierno de Navarra, de: <https://www.navarra.es/nr/rdonlyres/8346e44f-1c60-4850-aac8-7934034ab5c6/97910/indicadoresgenero2.pdf>.

> Manual elaborado por el Instituto Andaluz de la Mujer y publicado por el Gobierno de Navarra. Además de acceder a información teórica sobre determinados aspectos de los indicadores de género (definición, tipología, construcción y uso), se accede a ejemplos prácticos.

→ Instituto de las Mujeres, de: <https://www.inmujeres.gob.es/>.

> Página web nacional del Instituto de las Mujeres, en la que se puede encontrar información muy diversa relacionada con el ámbito de la igualdad en los distintos escenarios donde se puede aplicar.

→ Instituto Europeo de Igualdad de Género (EIGE), de: <https://european-union.europa.eu/institutions-law-budget/institutions-and-bodies/search-all-eu-institutions-and-bodies/european-institute-gender-equality-eige_es>.

> Página web de este organismo de la Unión Europea destinado a proporcionar investigación, recopilar y analizar datos sobre la igualdad de género con una perspectiva interseccional; además de desarrollar herramientas metodológicas y prestar apoyo técnico para la integración de la perspectiva de género en todas las políticas nacionales y de la UE. Accediendo a su web

se accede también a un glosario y tesauro sobre conceptos de igualdad de género.

→ Ministerio de Igualdad, de: <https://www.igualdad.gob.es/>.

Página web del Ministerio de Igualdad, integrada por enlaces a organismos relacionados con este ámbito, además de noticias, normativas e información institucional.

→ ONU Mujeres, de: <https://www.unwomen.org/es>.

Página web de este organismo de la ONU creado para promover los derechos de las mujeres, la igualdad de género y el empoderamiento de todas las mujeres y niñas.

→ Plataforma ONE, de la Oficina Nacional de Emprendimiento: punto virtual y colaboración para las *startups* y demás agentes del ecosistema emprendedor innovador en España, de: <https://one.gob.es/es/ayudas-y-convocatorias/microcreditos-para-mujeres-emprendedoras>.

Se puede acceder a toda la información sobre los microcréditos para las mujeres emprendedoras.

→ Rincón de las mujeres rurales emprendedoras, de: <https://rinconemprendedora.mujerrural.com/ayuda/105/>.

Se puede acceder a información sobre microcréditos para mujeres emprendedoras en el ámbito rural.

→ Unión Europea, de: <https://employment-social-affairs.ec.europa.eu/policies-and-activities/funding/microfinance-and-social-enterprise-finance_es>.

Se puede acceder a información sobre microcréditos concedidos en el ámbito de la Unión Europea.